Libër gati receta autentike japoneze

Zbuloni shijet e Japonisë me 100 pjata tradicionale

Denisa Troka

© TË DREJTAT E AUTORIT 2024 TË GJITHA TË DREJTAT E REZERVUARA

Ky dokument synon të sigurojë informacion të saktë dhe të besueshëm në lidhje me temën dhe çështjen e mbuluar. Publikimi shitet me idenë se botuesit nuk i kërkohet të ofrojë shërbime kontabël, të lejuara zyrtarisht ose të kualifikuara ndryshe. Nëse këshilla është e nevojshme, ligjore apo profesionale, duhet të urdhërohet një individ i ushtruar në këtë profesion.

Në asnjë mënyrë nuk është e ligjshme riprodhimi, kopjimi ose transmetimi i ndonjë pjese të këtij dokumenti qoftë në mjete elektronike apo në format të printuar. Regjistrimi i këtij publikimi është rreptësisht i ndaluar dhe çdo ruajtje e këtij dokumenti nuk lejohet përveç nëse me leje me shkrim nga botuesi. Të gjitha të drejtat e rezervuara.

Paralajmërim Mohim përgjegjësie, informacioni në këtë libër është i vërtetë dhe i plotë sipas njohurive tona. I gjithë rekomandimi është bërë pa garanci nga ana e autorit ose botimit të tregimit. Autori dhe botuesi mohojnë dhe përgjegjësinë në lidhje me përdorimin e këtij informacioni

Tabela e Përmbajtjes

HYRJE..8
RECETA JAPONEZE...9
   1. Tempura patëllxhani me salcë kikiriku......................9
   2. Patate miso me asparagus jeshil.............................12
   3. Dashi me perime krokante......................................15
   4. Petë soba me kërpudha të skuqura.......................18
   5. Supë Dashi...20
   6. Tofu i mëndafshtë me karota shumëngjyrëshe......22
   7. Anko (pastë me fasule të kuqe)..............................24
   8. Supë Ramen me rrikë..26
   9. Xhenxhefil turshi...30
   10. Petë Ramen me perime të skuqura......................32
   11. Tas sushi me asparagus me salmon koriandër....34
   12. Petë kanterele me petë konjac.............................37
   13. Supë miso tofu me petë soba...............................39
   14. Gyozas...42
   15. Sallatë me shparg me tataki viçi..........................46
   16. Akullore Matcha..50
   17. Matcha latte..52
   18. Bukë Ramen..54
   19. Ramen me pule dhe kungull.................................58
   20. Ramen me kërpudha, tofu dhe kimchi.................61
   21. Ramen me bark derri dhe vezë............................63

22. Radicchio Fittata me surimi..................................66

23. Salmon i pjekur në skarë me salcë teriyaki...........68

24. Fileto gjoks pule me glazurë..................................70

25. Petë soba me tofu susami.....................................72

26. Rrotulla kaliforniane me karkaleca deti.................75

27. Sushi i pjekur..78

28. Maki sushi me ton dhe kastravec.........................81

29. Troftë me havjar keta në kërpudha enoki............83

30. Tabani në limon me të verdhë veze.....................85

PJETA KRYESORE..87

31. Salmoni alpin në marinadë japoneze...................87

32. Salmoni alpin në marinadë japoneze...................89

33. Yaki Udon me gjoks pule......................................91

34. Barku i derrit të zier..93

35. Rrotulla viçi dhe qepë...95

36. Yaki-Tori (Skewers pule të pjekur në skarë).........97

37. Tempura perimesh me mousseline wasabi.........99

38. Sashimi...101

39. Tuna Maki...103

40. Tempura vegjetale..105

41. Tempura e karkalecave......................................107

42. Tepsi me oriz pule djegës..................................109

43. Gyoza...111

44. Variacione Sushi & Maki....................................114

45. Pulë me glazurë me fara susami..................118

46. Mish derri i pjekur japonez........................120

47. Okonomyaki..122

48. Maki...123

49. Rollatë viçi me karrota bebe......................125

50. Petë aziatike me mish viçi..........................127

RECETA PËR PERIMET..................................129

51. Pjatë sashimi e vogël.................................129

52. Havjar Keta në pure daikon.......................131

53. Sallatë Koknozu me qiqra..........................133

54. Tempura vegjetale......................................135

55. Maki perime...137

56. Onigiri me lakër të kuqe dhe tofu të tymosur.................140

57. Yaki-Tori (Skewers pule të pjekur në skarë)..................142

58. Variacione Sushi & Maki............................144

59. Maki me ton, avokado dhe shiitake..........148

60. Maki me salmon, kastravec dhe avokado................151

61. Maki me karkaleca, kastravec dhe shiitake.................153

62. Patate të skuqura parmixhane me kungull i njomë.......155

63. Rrjetat japoneze të kobures......................157

64. Maki sushi me ton dhe kastravec.............159

65. Avokado Ura Makis.....................................161

66. supë e ëmbël dhe e thartë........................163

67. Wok perime me mish..................................165

68. Tun me lakër djegës..167

69. Tempura e salmonit dhe perimeve................................169

70. Sallatë japoneze me petë...171

RECETA SUPE..173

71. Supë Miso me kërpudha shiitake..................................173

72. Supë miso vegane...175

73. Supë Ramen me rrikë..177

74. Supë miso tofu me petë soba......................................181

75. Supë japoneze..184

76. Supë me petë me kërpudha japoneze..........................186

77. Sallatë japoneze me petë..188

78. supë e ëmbël dhe e thartë..190

79. Supë me perime japoneze...192

80. Supë japoneze me alga deti..194

RECETA E MISHIT..196

81. Rrotulla viçi dhe qepë...196

82. Pulë me glazurë me fara susami..................................198

83. Mish derri i pjekur japonez...200

84. Rollatë viçi me karrota bebe.......................................202

85. Petë aziatike me mish viçi..204

86. Wok perime me mish..206

87. Barku i derrit BBQ japonez...208

88. Brinjë rezervë japoneze..210

89. Petë soba me pulë..212

90. Makarona me mish viçi dhe perime..................................214

SHPEZH...217

91. Yaki Udon me gjoks pule...217

92. Tepsi me oriz pule djegës...219

93. Pulë në bukë me dhallë pikante...............................221

94. Këmbët e pulës me domate......................................223

95. Fileto pule në një salcë aromatike...........................225

96. Petë soba me pulë...228

97. Petë soba...230

98. Gjoksi i rosës i skuqur..232

99. Sallatë me gjoks pule dhe shparg jeshil..................235

100. Yakitori...238

PËRFUNDIM...240

HYRJE

Kuzhina japoneze është një nga më të vjetrat në botë, me një histori të larmishme dhe të pasur të kuzhinës. Recetat japoneze ndryshojnë sipas rajonit, por në to mund të gjeni shumë drithëra, produkte soje, ushqim deti, vezë, perime, fruta, fara dhe arra. Për shkak të bollëkut të ushqimeve të detit dhe ndikimit të budizmit në shoqëri, mishi i pulës, viçit, qengjit dhe derrit përdoren me masë. Kuzhina japoneze është gjithashtu jashtëzakonisht ushqyese, e shëndetshme dhe me shumë energji. Nëse jeni duke kërkuar pjata me avull, pjata të ziera, pjata të pjekura në skarë, pjata të skuqura thellë ose pjata me uthull, do të gjeni një gamë të gjerë opsionesh.

RECETA JAPONEZE

1. Tempura patëllxhani me salcë kikiriku

përbërësit

Salcë

- 2 speca djegës të kuq (të vegjël)
- 10 lugë vaj kikiriku
- 6 lugë tahini
- 2 lugë gjelle salcë soje e lehtë
- 2 lugë gjelle uthull vere të kuqe

Patëllxhan & brumë

- 8 patëllxhanë (patëllxhanë të vegjël të fortë të bardhë-vjollcë përafërsisht 80 g secila)
- 400 gram miell
- 4 lugë vaj vegjetal
- 2 lugë gjelle pluhur pjekjeje tartar
- 600 mililitra ujë të gazuar (akull i ftohtë)
- Vaj vegjetal (për tiganisje të thellë)

Deko

- 2 qepë të pranverës
- 2 lugë çaji fara susami (të bardha)

përgatitjen

Për salcën

1. Pastroni dhe lani specat djegës, prisni përgjysmë për së gjati dhe hiqni farat. Pritini specat djegës në copa, grijini imët me vaj kikiriku në llaç. Përzieni së bashku vajin e djegës, tahinin, salcën e sojës dhe uthullën.

PËR patëllxhanë dhe brumë

2. Patëllxhanët i pastroni, i shpëlani, i thani dhe i lani për së gjati. Përzieni miellin, vajin,

pluhurin për pjekje dhe ujin mineral me një kamxhik për të formuar një brumë të butë tempura.
3. Ngrohni vajin e skuqur thellë në një tenxhere të madhe përafërsisht. 160-180 gradë. Është mirë që copat e patëllxhanit t'i tërhiqni përmes brumit të tempurës me piskatore ose me pirun (praline) dhe t'i hidhni me kujdes në vajin e nxehtë. Piqni në pjesë në nxehtësi mesatare për rreth. 4 minuta derisa të marrin ngjyrë kafe të artë dhe të bëhen krokante. E heqim nga vaji me një lugë të prerë dhe e lëmë të kullojë pak në letër kuzhine.

Për Dekorimin

1. Pastroni, lani, përgjysmoni dhe prisni qepët e freskëta në shirita shumë të imët. Vendoseni në ujë të ftohtë derisa të jeni gati për t'u shërbyer.
2. E rregullojmë në pjata tempurën e patëllxhanit me pak salcë, e spërkasim me disa rripa qepe dhe farat e susamit. Shërbejeni menjëherë.

2. Patate miso me asparagus jeshil

përbërësit

- 500 gram patate (treshe)
- 400 mililitra dashi
- 100 gram shiitake të thatë
- 4 lugë miso (pastë e lehtë)
- 500 gram edamame të ngrirë
- 10 kërcell asparagus jeshil
- 2 tufa rrepka
- Kripë
- 2 lugë gjelle uthull orizi
- susam i zi

përgatitjen

1. Qëroni, lani dhe prisni patatet në gjysmë. Ngrohni dashin dhe shiitake, lëreni të pushojë për 10 minuta. Hiqeni shiitake nga lëngu me një lugë të prerë, mos e përdorni më. Shtoni patatet në lëng mishi dhe ziejini për rreth 10 minuta. Shtoni mison, përzieni dhe gatuajeni edhe për 10 minuta të tjera.
2. Nderkohe qerojme edamamen nga bishtajat. Lani shpargujt, qëroni të tretën e poshtme dhe prisni majat e drurit. Pritini bishtat e asparagut në 4 pjesë të barabarta. Pastroni rrepkat, hiqni gjethet e reja, lani rrepkat dhe pritini në gjysmë ose në katërsh, në varësi të madhësisë së tyre. Lani mirë gjethet e rrepkës nën ujë të ftohtë dhe lërini mënjanë.
3. Perimet, përveç rrepkave, vendosini në një tenxhere me avull. Hidhni rreth 1 cm ujë në një tenxhere të përshtatshme dhe lëreni të vlojë. Vendoseni me kujdes futjen e avullit në tigan dhe ziejini perimet në avull me kapak të mbyllur për rreth 6 minuta derisa të jenë al dente.

4. Hiqni perimet e ziera në avull nga tenxherja, vendosini në një tas, përziejini me rrepka, kripë dhe uthull orizi dhe i rregulloni sipas shijes. Shërbejini patatet miso të ziera me perimet e ziera në avull dhe gjethet e rrepkës. Sipër spërkatni pak susam të zi dhe shërbejeni.

3. Dashi me perime krokante

përbërësit

Perimet

- 1 karotë
- 6 kërcell brokoli (brokoli të egër, rreth 150 g; ose "Bimi", brokoli me kërcell të gjatë)
- 2 kërcell selino
- 100 gram kërpudha king oyster (të prera në shirita të hollë ose kërpudha ngjyrë kafe)
- 1 qepë e vogël
- 100 gram bizele sheqeri
- 20 gram xhenxhefil

- 150 gram rrënjë zambak uji (të disponueshëm si feta të ngrira në dyqanin e Azisë)

Supë

- 1 litër dashi
- 100 mililitra sake
- 50 mililitra Mirin (verë e ëmbël japoneze orizi)
- 2 lugë gjelle salcë soje e lehtë
- 4 lugë gjelle vaj xhenxhefili
- 4 kërcell koriandër (për spërkatje)

përgatitjen

Për Perimet

1. Qëroni karrotën dhe priteni në rripa të imta. Lani brokolin, shkurtoni pak bishtat. Pastroni selinon, hiqni fijet, nëse është e nevojshme, lani dhe prisni në feta të holla shumë diagonalisht. Nëse është e nevojshme, presim kërpudhat e ahut nga nënshtresa.
2. Pastroni dhe lani qepët e freskëta, gjithashtu prijini diagonalisht në unaza. Pastroni dhe lani bizelet e para të sheqerit, prisni bishtajat shumë të mëdha në gjysmë

në një kënd. Qëroni xhenxhefilin dhe priteni në shirita shumë të imët.

Për Broth

1. Lëmë lëngun e dashit të ziejë dhe e rregullojmë me sake, mirin, salcë soje dhe vaj xhenxhefili. Lërini perimet e përgatitura dhe fetat e rrënjëve të lotusit të ngrira të ziejnë në zjarr të ulët për rreth 8 minuta derisa të bëhen krokante.
2. Shpëlajeni dhe thani koriandrën dhe hiqni gjethet. Rregulloni dashin dhe perimet në tasa, spërkatni me gjethe koriandër dhe shërbejeni.

4. Petë soba me kërpudha të skuqura

përbërësit

- 200 gram kërpudha shiitake (të vogla, të freskëta)
- 1 djegës i kuq
- 1 lugë gjelle salcë soje e lehtë
- 4 lugë çaji shurup orizi
- 6 lugë gjelle vaj susami (i pjekur)
- 200 gram kërpudha rozë
- 100 gram kërpudha enoki (një varietet me kërcell të gjatë; në supermarkete të pajisura mirë ose në treg)
- 400 gram soba (petë japoneze hikërror)
- 1 litër dashi
- 4 kërcell koriandër (ose borzilok tajlandez).

përgatitjen

1. Pastroni shiitake dhe prisni skajet e thata të kërcellit. Pastroni specin djegës, shpëlajeni dhe priteni në rrathë të hollë (punoni me doreza kuzhine). Përzieni salcën e sojës, shurupin e orizit, djegësin dhe vajin e susamit dhe më pas përzieni me kërpudhat shiitake. Lëreni të ziejë për rreth 30 minuta.
2. Ndërkohë pastroni kërpudhat dhe i prisni në feta të holla. Presim kërpudhat enoki nga kërcelli. Përgatisni petë soba sipas udhëzimeve në pako.
3. Hidhni kërpudhat shiitake në një tigan dhe skuqini për rreth 2 minuta. Ngrohni lëngun e dashit.
4. Hidhni petët e gatshme, shiitake të skuqura, kërpudhat e papërpunuara dhe kërpudhat enoki në tas dhe derdhni sipër tyre lëngun e nxehtë të dashi. Shpëlajeni korianderin, tundeni të thahet dhe vendoseni sipër makaronave. Shërbejeni menjëherë.

5. Supë Dashi

përbërësit

- 4 shirita gjethesh algash (alga kombu, alga deti të thata; secila me përmasa rreth 2 x 10 cm; p.sh. në një treg organik ose dyqan aziatik)
- 6 shiitake të thata (rreth 15 g)

përgatitjen

1. Hidhni algat kombu dhe kërpudhat shiitake në një tenxhere me 1 litër ujë të ftohtë. Ngrohni ujin ngadalë në rreth 60 gradë (punoni me një termometër). Tërhiqeni

tenxheren nga pianura. Lëreni lëngun të qëndrojë me kapak për 30 minuta.
2. Hidheni lëngun në një sitë të imët dhe përdorni për receta të tjera ose mbajeni të mbyllur fort në një kavanoz me vida në frigorifer. Lëngu i dashi zgjat aty 3-4 ditë.

6. Tofu i mëndafshtë me karota shumëngjyrëshe

përbërësit

- 1 lugë çaji fara susami të zi
- 2 portokall organik
- 4 lugë çaji salcë soje të lehtë
- 2 lugë çaji lëng limoni
- 2 lugë çaji vaj xhenxhefili
- 5 lugë gjelle reçel portokalli
- 800 gram karrota organike (të verdha, të kuqe-vjollcë)
- kripë
- lugë vaj susami (i pjekur)

- 800 gram tofu të mëndafshtë
- 4 kërcell borziloku tajlandez

përgatitjen

1. Skuqni susamin e zi në tigan pa yndyrë dhe më pas hiqeni. Lajini portokallet me uje te nxehte, thajini dhe grijini imet lekuren. Përgjysmoni një portokall dhe shtrydhni lëngun. Përzieni lëkurën dhe lëngun e portokallit, salcën e sojës, lëngun e limonit, vajin e xhenxhefilit dhe reçelin e portokallit dhe i rregulloni sipas shijes.
2. Pastroni dhe qëroni karotat dhe pritini në shkopinj të imët, të barabartë. Zieni ujin në një tenxhere, ziejini në të shkopinjtë e karotës për rreth 2 minuta në mënyrë që të jenë akoma krokante, më pas kullojini dhe hidhini pak në ujë me akull. Kullojini shkopinjtë, kriposini pak dhe përziejini me vajin e susamit.
3. Pritini tofu në copa 3 x 4 cm, rregulloni dhe spërkatni me salcë portokalli. Vendosni shkopinjtë e karotës pranë tofus dhe spërkatni me farat e susamit. Shpëlajeni borzilokun tajlandez, thajeni, këpusni gjethet dhe spërkatni mbi karotat.

7. Anko (pastë me fasule të kuqe)

përbërësit

- 250 gram fasule adzuki
- 200 gram sheqer
- ujë

përgatitjen

1. Mbuloni fasulet adzuki në një tas me ujë dhe lërini të zhyten gjatë natës.
2. Të nesërmen kullojeni ujin dhe vendosni fasulet në një tenxhere. Mbulojeni me ujë dhe lëreni të vlojë një herë.

3. Më pas kullojeni ujin dhe mbulojini fasulet me ujë të freskët dhe ziejini për rreth 60 minuta derisa të zbuten. Dekantimi siguron që anko të mos ketë shije të hidhur më vonë.
4. Kullojeni ujin e zierjes dhe mblidhni pak prej tij. Përzieni sheqerin në fasulet adzuki në mënyrë që të shpërndahet. Në fund, bëni pure bishtajore për të bërë një pastë. Nëse konsistenca është shumë e trashë, përzieni me pak ujë të zierjes.

8. Supë Ramen me rrikë

përbërësit

- ½ shufra Allium (presh)
- 1 qepë
- 2 thelpinj hudhre
- 80 gram xhenxhefil (i freskët)
- 2 lugë vaj
- 1 grusht derri
- 1 kilogram krahë pule
- kripë
- 2 copë (alga kombu; alga të thata; dyqan aziatik)
- 30 gram shiitake të thata
- 1 tufë qepë

- 2 lugë fara susami (të lehta)
- 1 fletë nori
- 6 vezë
- 300 gram petë ramen
- 50 gram miso (i lehtë)
- 2 lugë gjelle Mirin (verë e bardhë japoneze)
- 65 gram rrikë
- Vaji i susamit (i pjekur)

përgatitjen

1. Pastroni dhe lani preshin dhe priteni në copa të mëdha. Qëroni qepën dhe hudhrën, qepën në katër pjesë. Lani 60 g xhenxhefil dhe priteni në feta. Ngrohni vajin në një tigan. Pjekim preshin, qepën, hudhrën dhe xhenxhefilin në zjarr të fortë deri në kafe të hapur.
2. Në një tenxhere të madhe vendosni perimet e skuqura me gishtin e derrit të shpëlarë dhe krahët e pulës dhe mbushni me 3,5 litra ujë. Sillni gjithçka ngadalë në një valë dhe ziejini në zjarr të ulët pa kapak për rreth 3 orë. Hiqni shkumën në rritje. Pas 2 orësh, lyejeni lëngun me kripë.
3. Hidheni lëngun në një sitë të imët në një tenxhere tjetër (përafërsisht 2,5-3 l).

Ndoshta degresoni pak supën. Fshini algat kombu me një leckë të lagur. Shtoni kërpudhat shiitake dhe algat kombu në lëngun e nxehtë dhe lërini të ziejnë për 30 minuta.

4. Hiqni gishtin e derrit nga lëvozhga, yndyra dhe kocka dhe priteni në copa sa kafshatë. Mos përdorni krahët e pulës për supë (shih këshillën).

5. Qëroni xhenxhefilin e mbetur dhe priteni në rripa të hollë. Pastroni dhe lani qepët e freskëta, pritini në rrathë të imët dhe vendosini në ujë të ftohtë. Skuqini farat e susamit në një tigan të thatë derisa të marrin ngjyrë kafe të lehtë. Lyejeni algat e detit nori, skuqini pak në një tigan të thatë dhe pritini në shirita shumë të imët. Mblidhni vezët, ziejini në ujë të vluar për 6 minuta, shpëlajini me ujë të ftohtë, qëroni me kujdes. Ziejini makaronat në ujë të vluar për 3 minuta, hidhini në një sitë, shpëlajini pak me të ftohtë dhe më pas kullojini.

6. Hiqni kërpudhat dhe algat e kombinuara nga supa. Hiqni kërcellin e kërpudhave, copëtoni imët kapakët e kërpudhave, mos përdorni më algat e kombinuara. Ngrohni lëngun (mos

vloni). Përzieni pastën miso dhe mirin, shtoni kërpudha shiitake të copëtuara. Kulloni qepët e pranverës në një kullesë. Qëroni rrikë.

7. Lëngun e ndajmë në enë. Hidhni në kyçin e derrit, petët, vezët e përgjysmuara, farat e susamit, xhenxhefilin, qepët e pranverës dhe algat e detit nori. Shërbejeni me shumë rrikë të sapo grirë dhe vaj susami.

9. Xhenxhefil turshi

përbërësit

- 200 gram xhenxhefil
- 2 lugë çaji kripë
- 120 mililitra uthull orizi
- 2 lugë çaji sheqer

përgatitjen

1. Fillimisht lani dhe qëroni zhardhokën e xhenxhefilit. Më pas priteni në feta shumë të imta.

2. Përzieni fetat e xhenxhefilit me kripën në një tas dhe lëreni të ziejë për rreth një orë. Më pas lyeni xhenxhefilin me letër kuzhine.
3. Vendosni uthullën e orizit dhe sheqerin në zjarr mesatar në mënyrë që sheqeri të tretet. Më pas shtoni fetat e xhenxhefilit dhe përzieni mirë.
4. Hidheni xhenxhefilin me lëngun e nxehtë në një gotë sterile dhe mbylleni fort. Xhenxhefili turshi duhet të zihet për rreth një javë përpara se të përdoret.

10. Petë Ramen me perime të skuqura

përbërësit

- 200 gram karota
- 200 gram lulelakër
- 200 gram kungull i njomë
- 2 lugë gjelle vaj ulliri
- kripë
- 2 lugë fara luledielli
- 10 shkopinj qiqrash
- 180 gram petë ramen (pa vezë)
- 1 gotë ("Viva Aviv Dressing" për perime nga Spice Nerds dhe BRIGITTE; 165 ml)
- Piper (ndoshta i grire fllad)

përgatitjen

1. Ngrohni furrën në 220 gradë, ajrin qarkullues 200 gradë, nivelin e gazit 5.
2. Pastroni dhe lani karotat, lulelakrën dhe kungulleshkat dhe pritini në copa të gjata 2-3 cm. Përziejini me vaj ulliri dhe $\frac{1}{2}$ lugë çaji kripë dhe vendoseni në një tepsi të veshur me letër furre. Piqeni në furrë të nxehtë për rreth 18-20 minuta.
3. Thekni farat e lulediellit në një tigan pa yndyrë. Hiq. Lani dhe thajini qiqrat, pritini në role. Gatuani makaronat sipas udhëzimeve në pako. Ngrohni salcën e perimeve.
4. Kulloni makaronat dhe vendosini në një pjatë me perimet e pjekura. Hidhni sipër salcën, spërkatni me qiqra dhe fara luledielli. Sezoni me kripë dhe piper nëse është e nevojshme.

11. Tas sushi me asparagus me salmon koriandër

përbërësit

- 200 gram oriz basmati (ose oriz aromatik)
- kripë

salcë

- 2 lugë gjelle (lëng Yuzu, lëng limoni japonez, shikoni informacionin e produktit, ose lëng limoni)
- 3 lugë gjelle salcë soje
- 1 lugë çaji vaj susami (i pjekur)
- 1 lugë gjelle salcë peshku
- 3 lugë gjelle ketjap manis
- ½ tufë qiqrash

- 90 gram kërpudha shiitake (të vogla)
- 100 gram rrepkë (të vogla)
- 500 gram asparagus jeshil
- ½ lugë çaji fara koriandër
- 3 copë fileto salmon (100 g secila, gati për t'u gatuar pa lëkurë dhe kocka)
- Piper (i freskët i bluar)
- 2 lugë vaj
- 6 (lule qiqra)

përgatitjen

1. Gatuani orizin në ujë pak të kripur sipas udhëzimeve në pako ose në një tenxhere orizi. Mbajeni të ngrohtë orizin e gatuar.

Për salcën

2. Përzieni së bashku lëngun yuzu, salcën e sojës, vajin e susamit, salcën e peshkut dhe ketjap manis.
3. Shpëlajini dhe thani qiqrat, të prerë në role. Pastroni kërpudhat, prisni kërcellin shkurt, prisni kërpudhat më të mëdha në gjysmë. Pastroni dhe shpëlani rrepkat, prisni rrepkat më të mëdha në feta.
4. Shpëlajeni shpargun, qëroni të tretën e poshtme, prisni skajet. Ziejini shkurtimisht

shpargujt në ujë të vluar me kripë për 3-4 minuta. Kullojini, pritini shkopinjtë e trashë në gjysmë për së gjati.
5. Thërrmoni korianderin në një llaç. I rregullojmë copat e salmonit me kripë, piper dhe koriandër. Ngrohni 1 lugë vaj në një tigan të lyer. Skuqni salmonin në të në zjarr të fortë për 2-3 minuta nga secila anë. Në 2 minutat e fundit shtoni 1 lugë vaj, shtoni kërpudhat dhe skuqini. Shtoni 2 lugë salcë dhe hidhni gjithçka për pak kohë.
6. Rregulloni orizin, shpargujt, rrepkat, kërpudhat dhe salmonin në enë. Spërkateni me qiqra dhe disa lule qiqra të grisura. Spërkateni me salcën e mbetur dhe shërbejeni.

12. Petë kanterele me petë konjac

përbërësit

- 250 gram kanterela
- 300 gram radichio
- 150 gram kopër (kopër bebe)
- 30 gram arra pishe
- 1 qepe
- 3 trumzë
- 50 gram proshutë
- Piper (i freskët i bluar)
- 200 petë (petë konjak, shikoni informacionin e produktit)
- 2 lugë gjelle salcë soje e lehtë
- 1 lugë gjelle uthull vere orizi
- 100 gram burrata (ose mocarela)

përgatitjen

1. Pastroni kanterelat. Pastroni radicchio, lani gjethet, thajini dhe prisni në rripa. Pastroni dhe lani finokun, priteni në feta shumë të holla ose priteni në feta dhe rregulloni me kripë. Lërini mënjanë zarzavatet e koprës.
2. Skuqini arrat e pishës në një tigan pa yndyrë deri në kafe të artë. Pritini qepujt dhe grijini imët. Lani trumzën, thajeni dhe hiqni gjethet nga kërcelli.
3. Skuqni ngadalë proshutën në një tigan pa yndyrë mbi nxehtësinë mesatare. Hiqni fetat e proshutës nga tigani, kullojini në letër kuzhine dhe mbajini të ngrohta.
4. Skuqini kubikët e qepës në yndyrën e nxehtë të proshutës, shtoni kanterelat dhe trumzën dhe skuqini të nxehta. I rregullojmë me kripë dhe piper.
5. Vendosni makaronat në një kullesë, shpëlajini mirë me ujë të ftohtë dhe përgatitini sipas udhëzimeve në pako. Përziejini makaronat e kulluara dhe shiritat e radikios me salcën e sojës dhe uthullën, vendosni kërpudhat dhe shërbejini me burrata dhe fetat e proshutës. Shpërndani arra pishe, piper të

sapo bluar dhe zarzavate kopër dhe shërbejeni menjëherë.

13. Supë miso tofu me petë soba

përbërësit

- Soba (petë soba: spageti të bëra nga hikërror dhe grurë)
- 2 lugë çaji vaj susami (i pjekur)
- 1 lugë fara susami
- 4 qepë të pranverës
- 2 mini tranguj
- 100 gram gjethe spinaqi
- 200 gram tofu

- 1¼ litër lëng perimesh
- 1 copë xhenxhefil (rreth 20 g)
- 2 lugë (alga të menjëhershme wakame)
- 2½ lugë gjelle Shiro miso (pastë nga tregu organik ose aziatik)
- Gjethet e koriandrit (për zbukurim)

përgatitjen

1. Gatuani petët e sobës sipas udhëzimeve në pako. Hidheni në një sitë, kulloni mirë dhe përzieni me vajin e susamit. Skuqini farat e susamit në një tigan që nuk ngjit deri në kafe të artë. E nxjerrim nga soba dhe e leme te ftohet.
2. Pastroni dhe lani qepët e freskëta, pritini pjesët e bardha dhe jeshile të lehta në rrathë të imët. Lani kastravecat dhe pritini në shkopinj rreth 3 cm të gjatë. Renditni spinaqin, lani dhe tundni të thatë, duke hequr bishtat e trashë. Thajeni tofu-n dhe priteni në kubikë 2 cm.
3. Lëmë lëngun të ziejë në një tenxhere. Qëroni xhenxhefilin dhe priteni në feta, shtoni lëngun me alga deti dhe ziejini për rreth 2 minuta. Përziejmë pastën miso me 5 lugë ujë derisa të bëhet një masë, shtojeni

në lëngun e mishit dhe lëreni të ziejë për 5 minuta të tjera. Më pas shtoni tofu, qepët dhe kastravecin në supë dhe lërini të ziejnë.

4. Për ta shërbyer, lani korianderin dhe tundeni të thahet. Përhapeni petët e sobës dhe spinaqin në tasa ose filxhanë dhe derdhni lëngun e zier mbi to. Sipër shpërndajmë farat e thekura të susamit dhe gjethet e korianderit. Shërbejeni menjëherë.

14. Gyozas

përbërësit

Mbushje

- 200 gram mish derri të grirë (mundësisht organik)
- 10 gram shiitake të thata
- 10 gram kërpudha të thata (kërpudha Mu-Err)
- 50 gram karota
- ½ qepë e kuqe
- 1 thelpi hudhër
- 7 lugë vaj

- 1 lugë gjelle salcë peshku (dyqan apo supermarket aziatik)
- kripë
- Piper (i freskët i bluar)

Salcë

- 30 mililitra uthull orizi (e zezë)
- 50 mililitra salcë soje
- 24 (fletë brumi të ngrira gyoza, përafërsisht 120 g;)

përgatitjen

Për Mbushjen

1. Hiqeni mishin e grirë nga frigoriferi rreth 30 minuta para se ta gatuani. Zhytini të dyja llojet e kërpudhave në ujë të vakët për rreth 30 minuta.

për salcën

2. Përzieni uthullën e zezë të orizit dhe salcën e sojës dhe lëreni mënjanë.
3. Pastroni, qëroni dhe grijini imët karotat. Kullojmë kërpudhat e njomura, i shtrydhim mirë dhe i presim bishtat. Pritini imët

kapakët. Qëroni qepën dhe hudhrën dhe grijini imët.

4. Ngrohni 3 lugë vaj në një tigan që nuk ngjit, skuqni kërpudhat, qepët dhe hudhrat për 5 minuta. Më pas lëreni të ftohet. Ziejmë mishin e grirë me përzierjen e kërpudhave dhe karotat e grira dhe e rregullojmë me salcën e peshkut, pak kripë dhe piper.

5. Shkrini gjethet e gyozës. Merrni vetëm 1 petë nga pirgu dhe vendosni rreth 11/2 lugë çaji nga mbushja në mes. Lyejeni buzën e brumit rreth e rrotull me pak ujë të ftohtë, gjysmën e poshtme të brumit e palosni mbi mbushje dhe e shtrydhni në formë vale nga njëra anë. Bëni të njëjtën gjë me mbushjet dhe fletët e mbetura të ëmbëlsirave, përdorni vetëm 1 fletë në mënyrë që peta e hollë të mos thahet, përgatitni gjithsej 24 Gyoza.

6. Ngrohni 2-3 lugë vaj në një tigan të madh që nuk ngjit. Skuqini rreth 12 petë me shtresën e valëzuar nga lart për 2 minuta në zjarr të fortë derisa të bëhen krokante. Më pas gatuajeni, të mbuluar, në nxehtësi të ulët në mesatare për rreth 4-5 minuta.

7. Hiqni me kujdes petat e gatshme nga fundi i tiganit dhe mbajini të ngrohta. Bëni të njëjtën gjë me gjiozat e mbetura. Shërbejini gjozat me salcë.

15. Sallatë me shparg me tataki viçi

përbërësit

Tataki

- 400 gram fileto viçi (mundësisht bio)
- 1 lugë çaji vaj susami (i thekur)
- 3 lugë salcë soje
- 30 gram gjalpë të kulluar

Veshja

- 2 qepe
- 200 mililitra lëng perimesh
- 5 lugë gjelle lëng limoni
- 5 lugë vaj (p.sh. vaj kikiriku)
- 2 lugë çaji vaj susami (i thekur)
- 1 lugë çaji wasabi
- Piper (i sapo bluar)

- 1 lugë çaji shurup xhenxhefili

Sallatë

- 1 kilogram majë shpargush (kërcelli i shpargut me ngjyrë, alternativisht jeshil dhe të bardhë)
- 100 gram kërpudha shiitake
- 100 gram kërpudha kafe
- kripë
- 20 gram gjalpë
- 1 lugë çaji sheqer
- 1 tufë raketash
- 1 lugë çaji fara susami

përgatitjen

Për Tatakin

1. Thajeni mishin me letër kuzhine. Përziejmë vajin e susamit dhe salcën e sojës dhe lyejmë mishin me të. Mbështilleni me film ushqimor dhe lëreni të pushojë në frigorifer për rreth 2 orë.
2. Nxirreni mishin nga folia dhe lëreni të pushojë dhe zihet në temperaturën e dhomës për 30 minuta. Ngrohni gjalpin e kulluar në një tigan dhe skuqeni mishin nga

të gjitha anët. Më pas e nxjerrim nga tava, e mbështjellim me letër alumini dhe e lëmë të ftohet plotësisht. Më pas e presim mishin në feta shumë të holla dhe e vendosim sipër sallatës për ta servirur.

Për Vesjen

1. Qëroni dhe prisni imët qepujt. Lëmë lëngun e mishit të ziejë dhe ziejmë në të kubikët e qepës për rreth 1 minutë. Përziejeni lëngun e limonit, vajin e kikirikut dhe susamit, shurupin e shurupit të piperit dhe xhenxhefilit. Spërkateni dressing-un sipas shijes dhe lëreni mënjanë.

Për Sallatën

2. Shpëlajini majat e asparagut dhe shkurtojini skajet. Qëroni kërcellin e shpargut të tërë dhe pritini në copa të gjata 2-3 cm. Hiqni kërcellet nga kërpudhat shiitake dhe pritini kapakët në feta. Pastroni kërpudhat dhe pritini në të katërtat ose të tetat, në varësi të madhësisë së tyre.
3. Vërini të ziejnë shumë ujë, pak kripë, gjalpë dhe sheqer. Gatuani shpargun në të për 4-6

minuta. Shtoni kërpudhat shiitake dhe ziejini për një minutë tjetër. Përzieni 2-3 lugë ujë me asparagus në salcë. Kulloni shpargujt dhe kërpudhat shiitake, kullojini pak dhe përziejini me kujdes me salcën e ngrohtë. Lëreni të ziejë për rreth 1 orë.

4. Renditni raketën, shpëlajeni, shkundni të thatë dhe paloseni në shpargujt me kërpudhat. E rregullojmë sërish sallatën me kripë dhe piper. Rregulloni fetat e mishit në sallatë.

5. Thekni farat e susamit në një tigan derisa të marrin ngjyrë kafe të artë, hiqini. Spërkateni me pak piper mbi sallatën dhe shërbejeni.

16. Akullore Matcha

përbërësit

- 2 lugë gjelle matcha (pluhur çaji matcha)
- 140 gram sheqer
- 4 Të verdhat e vezëve organike
- 200 mililitra qumësht
- 200 gram krem pana
- 200 gram boronica
- Matcha (Pluhur çaji Matcha për pluhurosje)

përgatitjen

1. Përzieni pluhurin matcha dhe 2 lugë sheqer. Rrahim të verdhat e vezëve dhe sheqerin e

mbetur me mikserin e dorës për të paktën 5 minuta derisa të jenë të lehta dhe kremoze.
2. Ngrohni me kujdes qumështin në një tenxhere (deri në rreth 80 gradë), më pas shtoni disa lugë qumësht në përzierjen e pluhurit të çajit pa aplikuar më shumë nxehtësi dhe përzieni mirë që të mos duken gunga. Më pas shtoni pastën e çajit në pjesën tjetër të qumështit të ngrohtë dhe përzieni mirë.
3. Shtoni kremin e të verdhës së vezës në përzierjen e qumështit matcha, përzieni mirë dhe lëreni të ftohet. Rrihni kremin derisa të jetë i fortë dhe paloseni.
4. Hidheni përzierjen në aparatin e akullores dhe lëreni të ngrijë për 30 minuta derisa të bëhet kremoze.
5. Pa një aparat akullore, derdhni kremin në një kallëp metalik dhe vendoseni në frigorifer.
6. Pas 30 minutash përziejeni masën për një kohë të shkurtër, ngrijeni përsëri dhe përzieni mirë pas 1 ore. Më pas vendoseni sërish në frigorifer për të paktën 2 orë.
7. Renditni boronica, shpëlajini dhe kullojini mirë në peshqir letre. Formoni akulloren në

toptha me një lugë akullore dhe shërbejeni me boronica.

8. Shërbejeni të pluhurosur me pak çaj pluhur.

17. Matcha latte

përbërësit

- 1 lugë çaji matcha (pluhur çaji matcha)
- 400 mililitra qumësht (ndryshe qumësht soje ose bajame)
- Matcha (Pluhur çaji Matcha për pluhurosje)

përgatitjen

1. Hidhni pluhur matcha në një tas me 100 ml ujë të nxehtë dhe rrihni derisa të bëhet shkumë me një kamxhik bambuje për çajin matcha (ose përdorni një kamxhik të vogël).
2. Ndani çajin mes 2 gotave.
3. Ngrohni qumështin (mos vloni) dhe rrihni me shkumëzues qumështi derisa të bëhet krem.
4. Hidhni ngadalë qumështin në çaj. E pudrosim me pak pluhur matcha dhe e shërbejmë menjëherë matcha latte.

18. Bukë Ramen

përbërësit

- 500 gram krahë pule (mundësisht organike)
- 800 gram bark derri (i freskët, mundësisht organik)
- 80 gram xhenxhefil
- 4 thelpinj hudhre
- 1 shufër presh
- 500 gram karota
- 100 mililitra salcë soje
- 100 mililitra mirin (verë orizi për gatim)
- kripë
- 25 gram gjalpë (të ftohtë)

Kombu Dashi (Alga Mushroom Soft)

- 1 copë alga deti (kombu alga deti, alga deti të thata, rreth 8 g)
- 4 shiitake të thata (25 g)

përgatitjen

1. Ngroheni furrën në 220 gradë, me ventilator 200 gradë, shenjën e gazit 5.
2. Shpëlajini krahët e pulës, thajini dhe shtrijini në një tepsi. Piqini në raftin e sipërm në furrë për rreth 30 minuta derisa të marrin ngjyrë kafe të artë. Vendoseni barkun e derrit në një kullesë dhe vendoseni në një tas të madh ose në lavaman. Hidhni mishin me ujë të valë (për të shmangur turbullira të mundshme në lëngun e mëvonshëm).
3. Qëroni xhenxhefilin dhe priteni në feta. Shtypni hudhrën në sipërfaqen e punës dhe hiqni lëvozhgën. Pastroni preshin, shpëlajeni dhe priteni në kubikë të vegjël. Qëroni edhe karotat dhe i prisni në kubikë.
4. Perimet e përgatitura, krahët e pulës së pjekur dhe barkun e derrit i vendosni në një tenxhere të madhe ose një tigan për pjekje.

Hidhni 3-3,5 litra ujë të ftohtë (mjaftueshëm për të mbuluar gjithçka mirë), salcën e sojës dhe mirin dhe rregulloni me 1 lugë çaji kripë. Ngadalë vendoseni të vlojë mbi nxehtësinë mesatare, më pas ziejini shumë lehtë për rreth 3 orë pa kapak. Skroni nëse krijohet shkumë.

Për Kombu Dashi

1. Përgjysmoni algat kombu dhe futini në ujë të nxehtë për rreth 10 minuta. Thithni shiitake-n për pak kohë në ujë të ngrohtë.
2. Merrni kombu dhe shiitake nga uji. Ziejini së bashku në një tenxhere të vogël me 250 ml ujë në nxehtësi të ulët në mesatare për rreth 20 minuta; mos zieni me flluska, përndryshe shija mund të bëhet e thartë.
3. Derdhni lëngun e algave në një sitë të imët dhe lëreni mënjanë (bërë rreth 140 ml). Mos vazhdoni të përdorni shiitake dhe kombu.
4. Hiqni barkun e derrit nga lëngu i mishit, mundësisht ta përdorni për "ramen me bark derri dhe vezë". Hiqni edhe krahët (shih

këshillat). Hidheni lëngun në një kullesë të veshur me napë.

5. Ngrohni përsëri lëngun, shtoni gjalpin dhe përzieni fuqishëm me një kamxhik. Më pas hidhni kombu dashin, e rregulloni sipas shijes dhe vazhdoni ta përdorni.

19. Ramen me pule dhe kungull

përbërësit

- 400 gram fileto gjoksi pule (mundësisht organike)
- lugë gjelle salcë soje (salcë susami soje)
- lugë salcë djegës
- 3 lugë fara susami
- ½ lugë çaji kripë
- 40 gram xhenxhefil
- 250 gram Hokkaido
- ½ tufë koriandër
- 1 ⅓ litër supë (supë ramen)

- 250 gram soba (e bërë nga hikërror ose petë ramen gruri)
- 3 lugë miso (pastë e lehtë, 75 g)

përgatitjen

1. Shpëlaj filetot e gjoksit të pulës, thajini dhe fërkojini me 2 lugë salca secila. Mbulojeni dhe ftoheni në temperaturën e dhomës për të paktën 2 orë, mundësisht gjatë natës.
2. Skuqeni susamin dhe kripën në një tigan derisa të marrin ngjyrë kafe të artë, hiqeni.
3. Qëroni xhenxhefilin dhe priteni në shirita shumë të imët. Lani dhe pastroni mirë kungullin dhe priteni në feta rreth 1/2 cm të trasha. Nëse është e nevojshme, shkurtoni boshllëqet e mëdha në gjysmë. Lani korianderin, thajeni dhe hiqni gjethet nga kërcelli.
4. Lëmë lëngun të ziejë dhe ziejmë filetot e pulës në zjarr të ulët për 15-20 minuta. Hiqeni mishin nga lëngu, mbulojeni dhe lëreni të pushojë pak.
5. Vendosni copat e kungullit dhe xhenxhefilin në lëngun e nxehtë, mbulojeni dhe ziejini për rreth 7 minuta. Hiqni kungullin dhe

xhenxhefilin me një lugë të prerë dhe mbajeni të ngrohtë.
6. Makaronat i ziejmë në ujë sipas udhëzimeve në paketim, i kullojmë. Shtoni mison në lëngun e nxehtë dhe përziejini shkurtimisht me blenderin e dorës. Pritini filetot e pulës në feta të holla.
7. Vendosni 1-2 lugë gjelle nga secila prej dy salcave me erëza në 4 tasa supë të ngrohura më parë. Përhapeni makaronat, pulën, kungullin dhe xhenxhefilin në tas dhe derdhni sipër lëngun e nxehtë miso. Shpërndani sipër kripën e susamit dhe gjethet e koriandrit dhe shërbejeni. Nëse dëshironi, mund ta rregulloni supën me dy salcat.

20. Ramen me kërpudha, tofu dhe kimchi

përbërësit

- 300 gram tofu (i butë)
- 6 lugë gjelle salcë soje (salcë soje-susam)
- 6 lugë salcë djegëse
- 1 tufë qiqra
- 1 ⅓ litra lëng mishi (supë ramen)
- 100 gram kërpudha kafe (ose kërpudha shiitake)
- 250 gram petë ramen (ose petë të trasha udon, të bëra nga gruri)
- 100 gram perime (kimchi, perime turshi koreane)

- 1 lugë fara susami të zi

përgatitjen

1. Presim tofu në kubikë 2 cm, përziejmë me 2 lugë gjelle secilën prej salcave dhe e lëmë të qëndrojë për të paktën 10 minuta. Lajini qiqrat, thajini dhe pritini në copa të gjata 3-4 cm.
2. Lëmë lëngun të ziejë. Pastroni kërpudhat, duke i prerë ekzemplarët e vegjël në mënyrë tërthore në kapakun e kërpudhave, duke i përgjysmuar ose ndarë ato më të mëdhatë. Shtoni kërpudhat në lëng dhe ziejini në zjarr mesatar për rreth 10 minuta. Shtoni tofu në supë dhe ngrohni në të. Gatuani makaronat sipas udhëzimeve në pako dhe kullojini.
3. Kulloni kimçin, priteni në copa sa një kafshatë dhe ndajeni në 4 tas supë të ngrohur më parë. Hidhni mbi to 1 lugë gjelle nga salcat pikante dhe shpërndani petët në tas.
4. Shpërndani gjithashtu kërpudhat, tofu dhe lëngun në tas. Shërbejeni të spërkatur me qiqra dhe fara susami. Nëse dëshironi, mund ta rregulloni supën me dy salcat.

21. Ramen me bark derri dhe vezë

përbërësit

- 4 vezë organike
- 9 lugë gjelle salcë soje (salcë susami soje)
- 200 gram rrepkë (të bardhë)
- 1 lugë çaji gjalpë
- 3 lugë bukë thërrime (të freskëta ose panko, bukë të grirë japoneze)
- 1 majë kripë
- 3 qepë të pranverës
- 800 gram bark derri (i ftohtë, i zier)
- lugë salcë djegës
- 250 gram petë ramen

- 1 ⅓ litër supë (supë ramen)
- 1 lugë çaji speca djegës (Togarashi, përzierje djegëse japoneze ose gjysmë përzierje me thekon djegës dhe susam të zi)

përgatitjen

1. Ngrohni furrën në 200 gradë, ajrin qarkullues 180 gradë, nivelin e gazit 4.
2. Shponi vezët dhe ziejini në ujë për rreth 7 minuta derisa të bëhen dyllë. Kullojeni, shpëlajeni me ujë të ftohtë dhe qëroni. Hidhni 3-4 lugë gjelle salcë susami soje mbi vezët dhe lërini të ziejnë për të paktën 30 minuta.
3. Qëroni dhe grijeni përafërsisht rrepkën. Ngrohim gjalpin në një tigan, theksojmë thërrimet e bukës dhe i kriojmë derisa të marrin ngjyrë kafe të artë. Pastroni dhe lani qepët e freskëta, të prera në rrathë të imët.
4. Hiqni lëkurën dhe ndoshta pak yndyrë nga barku i derrit. Pritini barkun në feta 1 cm të trasha, vendoseni në një enë pjekjeje, spërkatni me 2-3 lugë soje, fara susami dhe 2 lugë salcë djegës. E vendosim në furrë të nxehtë për rreth 10 minuta.

5. Gatuani petë ramen sipas udhëzimeve të paketimit dhe kullojini. Lëmë lëngun e ramenit të ziejë. Përgjysmoni vezët.
6. Vendosni 1 lugë gjelle farat e susamit të sojës dhe salcën e djegës në 4 tas supë të ngrohur më parë. Përhapeni makaronat në tas dhe mbushini me lëngun e nxehtë. Përhapeni sipër barkun e derrit, gjysmat e vezëve, rrepkën dhe qepët e pranverës. I spërkasim me thërrimet e bukës dhe mundësisht togarashi dhe i shërbejmë menjëherë.

22. Radicchio Fittata me surimi

përbërësit

- 1 qepë e kuqe (60 g, e prerë hollë)
- 1 thelpi hudhër (i grirë)
- 2 lugë çaji vaj ulliri
- 80 gram radichio (i prerë në feta të holla)
- 2 vezë organike (madhësia M)
- 50 gram gjizë me pak yndyrë
- 1 lugë gjelle parmezan (i grirë)
- kripë
- Piper (i freskët i bluar)
- 20 gram kaperi (gjobë)
- 60 gram domate qershi (të përgjysmuara)

- 3 copa surimi (shkopinj, 50 g)
- Gjethet e barit (ndoshta disa të gjelbra)

përgatitjen

1. Ngrohni furrën në 180 gradë, ajrin qarkullues 160 gradë, nivelin e gazit 3.
2. Skuqini qepën dhe hudhrën në një tigan që nuk ngjit në vaj ulliri. Shtoni radicchio dhe gatuajeni për 2-3 minuta.
3. Përziejini së bashku vezët, kuarkun, parmixhanin, kripën dhe piperin. Masën e vezëve e hedhim sipër perimeve dhe i trazojmë mirë në tigan. Spërkateni me kaperi dhe lëreni vezën të ngrihet në zjarr të ulët për rreth 2-3 minuta. Piqni frittatën në furrë në raftin e mesëm për 15-20 minuta. Nëse është e nevojshme, mbështilleni dorezën e tavës me letër alumini.
4. Hiqni frittatën dhe shërbejeni me domate, surimi dhe mundësisht disa gjethe barishte.

23. Salmon i pjekur në skarë me salcë teriyaki

përbërësit

- 4 copë biftekë salmon (rreth 250 g secila)
- 2 lugë çaji sheqer
- 2 lugë gjelle sake (përndryshe verë e bardhë ose sheri e butë)
- 2 lugë gjelle verë orizi (mirin)
- 4 lugë gjelle salcë soje (japoneze)
- 1 pako kreshtë
- 1 copë rrepkë (rreth 15 cm, e bardhë, e grirë)
- vaj për tiganisje)

përgatitjen

1. Lyejeni biftekët e salmonit dhe hiqni lëkurën dhe kockat.
2. Për salcën teriyaki, përzieni së bashku sheqerin, sake, verën e orizit dhe salcën e sojës derisa sheqeri të jetë tretur (ngrohni pak nëse është e nevojshme).
3. Vendoseni salmonin në salcë për rreth 10 minuta dhe kthejeni shpesh.
4. Përgatitja në skarë: Kulloni peshkun dhe skuqeni në një raft teli për rreth 3 minuta nga secila anë. Hidhni pjesën tjetër të marinadës mbi peshkun.
5. Përgatitja në tigan: Ngrohni vajin dhe skuqni peshkun për rreth 3 minuta nga secila anë. Hidhni vajin e tepërt, ngrohni marinadën e mbetur në tigan dhe lagni salmonin në salcë për disa minuta.
6. Rregulloni salmonin me marinadën e mbetur në katër pjata. E zbukurojmë me kreshtën e pastruar dhe rrepkën e grirë.

24. Fileto gjoks pule me glazurë

përbërësit

- 2 fileto gjoksi pule (rreth 400 g; idealisht organike)
- 1 copë xhenxhefil (i freskët, 2 cm)
- 1 thelpi hudhër
- 150 mililitra verë orizi (e ëmbël, mirin; ose sheri)
- 150 mililitra salcë soje (japoneze)
- 3 lugë sheqer kaf
- kripë
- 3 lugë gjelle vaj susami
- 1½ lugë gjelle kikirikë (të pakripur)

përgatitjen

1. Shpëlani filetot e pulës dhe thajini. Qëroni dhe grijeni xhenxhefilin ose shtypeni përmes presës së hudhrës. Qëroni dhe shtypni thelpin e hudhrës. Përzieni xhenxhefilin dhe hudhrën me verën e orizit, salcën e sojës, sheqerin, pak kripë dhe 1 lugë çaji vaj susami.
2. Vendoseni mishin në një tas të vogël dhe mbulojeni me marinadë. Mbulojeni dhe lëreni të pushojë në frigorifer për të paktën 3 orë, mundësisht gjatë natës. Kthejeni mishin një herë nëse është e nevojshme.
3. Hiqni gjoksin e pulës nga marinada dhe kullojeni mirë. Ngrohni vajin e mbetur në një tigan të vogël dhe skuqni filetot për 2-3 minuta nga secila anë. Kulloni vajin dhe shtoni marinadën tek mishi në tigan.
4. Ziejini në një tigan të mbyllur në zjarr të ulët për rreth 20 minuta. Hiqeni kapakun dhe lëreni mishin të ziejë në tigan të hapur edhe për 5 minuta derisa salca të ketë vluar si shurup.
5. Pritini filetot dhe shërbejeni mbi oriz dhe perime. Prisni përafërsisht kikirikët dhe spërkatni sipër mishit. Hidhni pak salcë mbi të.

25. Petë soba me tofu susami

përbërësit

- 10 gram xhenxhefil (i freskët)
- 4 lugë gjelle salcë soje (ferr)
- 300 gram tofu
- 2 cress daikon (afërsisht 40 g; shih majën)
- 300 gram soba
- 1 kanaçe fasule
- 3 lugë fara susami (ferr)
- 4 lugë vaj kikiriku
- 4 lugë gjelle salcë fasule (e zezë, shikoni këshillën)
- Piper (i freskët i bluar)
- 1 gëlqere

përgatitjen

1. Qëroni xhenxhefilin, prisni imët dhe përzieni me salcën e sojës. Kullojeni tofun, thajeni dhe priteni në 6 feta. Përgjysmoni fetat në mënyrë diagonale dhe marinojini në salcën e sojës-xhinxherit për 10 minuta duke i kthyer një herë. Prisni kreshtën e daikon nga shtretërit me gërshërë, shpëlajeni dhe thajeni.
2. Gatuani petët e sobës në ujë të bollshëm të vluar për rreth 3 minuta, duke i përzier herë pas here, derisa të jenë të forta deri në pickim. Hidheni në një sitë dhe mblidhni 100 ml ujë me makarona. Lajini makaronat me ujë të ftohtë dhe kullojini mirë. Fasulet e zeza i vendosim në një kullesë, i shpëlajmë me ujë të ftohtë dhe i kullojmë mirë. Hiqni fetat tofu nga marinada, kullojini dhe vendosni farat e susamit. Lëreni mënjanë. Ngrohni 2 lugë vaj në një tigan të madh që nuk ngjit dhe skuqni fetat tofu nga të dyja anët në nxehtësi mesatare. Lëreni tofu-n mënjanë dhe mbajeni të ngrohtë.

3. Ngrohni pjesën tjetër të vajit në një wok ose një tigan të madh që nuk ngjit dhe skuqni fasulet për një kohë të shkurtër mbi nxehtësinë mesatare. Shtoni salcën e fasules dhe ziejini për 1 minutë. Shtoni makaronat dhe ziejini edhe për 1-2 minuta të tjera, duke i përzier, duke i hedhur gradualisht ujin e makaronave. Piper. Rregulloni makaronat, tofun dhe lakrën dhe shërbejini me feta lime.

26. Rrotulla kaliforniane me karkaleca deti

përbërësit

- 250 gram oriz sushi
- 5 lugë gjelle uthull orizi
- 1 lugë gjelle sheqer
- 1 lugë çaji kripë
- 100 gram karkaleca të ngrira (të gatuara paraprakisht, të qëruara dhe të deveinuara)
- 1 avokado (e pjekur)
- 4 nori (fletë të thata alga deti)
- 1 lugë çaji wasabi (pastë japoneze rrikë)
- 2½ lugë majonezë
- 7 lugë fara susami

përgatitjen

1. Shpëlajeni orizin në një kullesë derisa uji të jetë i pastër. Lëreni orizin dhe 300 ml ujë të ziejnë, gatuajeni për 2 minuta dhe mbulojeni me pjatën e fikur, ziejini për rreth 15 minuta. Ngroheni uthullën, sheqerin dhe kripën duke i trazuar në mënyrë që sheqeri të tretet.
2. Vendoseni orizin e gatuar në një enë qelqi dhe mbi të derdhni përzierjen e uthullës. Punoni me një shpatull për rreth 2 minuta (kthejeni herë pas here) në mënyrë që masa e uthullës të shpërndahet mirë dhe orizi të ftohet pak. Mbulojeni orizin dhe lëreni mënjanë.
3. Shkrini karkalecat, shpëlajini nëse është e nevojshme, thajini dhe pritini në gjysmë për së gjati. Qëroni avokadon me gurë dhe qëroni dhe e prisni mishin në shkopinj rreth 1 x 4 cm të gjatë. Në sipërfaqen e punës shtrini një rrogoz bambuje për role sushi dhe lagni mirë. Lagni duart dhe shpërndani 1/4 e orizit në mënyrë të barabartë në tapet (rreth 1/2 cm e trashë). Sipër vendosim 1 fletë nori (me anën e ashpër mbi oriz).

Përhapeni hollë me pak wasabi dhe majonezë. Në mes të gjethes, shtroni një "rrugë" të ngushtë me shkopinj avokado dhe karkaleca deti.

4. Rrotulloni orizin me rrogoz fort nga njëra anë. Rrotulloni secilën role në pak më pak se 2 lugë fara susami, mbështilleni me film ushqimor dhe vendoseni në frigorifer. Vazhdoni në këtë mënyrë derisa të mbarojnë të 4 rolet. Hapni rrotullat e letrës dhe priteni secilën prej tyre në 6 pjesë me një thikë të mprehtë. Është mirë që paraprakisht të zhyteni thikën në ujë të nxehtë në mënyrë që orizi të mos ngjitet në të.

27. Sushi i pjekur

përbërësit

- 100 gram brumë tempura (nga dyqani i Azisë)
- 1 vezë
- 50 mililitra salcë soje
- 50 mililitra Ketjap manis (salcë soje e ëmbël indoneziane)
- 1 lugë gjelle sheqer
- 200 gram fileto salmoni (shumë të freskëta, me cilësi sushi)
- 4 qepë të pranverës
- 3 Nori (alga deti të thata)
- 1 recetë për oriz sushi (shih këshillën)

- 1 lugë gjelle wasabi (pastë rrikë jeshile)
- ½ litër vaj (për tiganisje, neutral)

përgatitjen

1. Përzieni pluhurin e brumit të tempurës së bashku me vezën dhe 75 ml ujë deri sa të bëhet një masë dhe lëreni mënjanë të fryhet. Ziejeni salcën e sojës, ketjap manis dhe sheqerin dhe zvogëloni në një nivel shurupi për rreth 4 minuta. Lëreni mënjanë.
2. Shpëlajeni salmonin me ujë të ftohtë, thajeni dhe priteni në rripa me trashësi rreth 5 mm. Pastroni dhe shpëlani qepët e pranverës dhe hiqni ngjyrën jeshile të errët. Pritini qepët e pranverës në shirita të gjatë. Përgjysmoni fletët nori.
3. Vendosni një copë film ushqimor në rrogoz bambuje dhe një gjysmë fletë nori sipër. Lagni duart me ujë. Përhapni pak oriz sushi pothuajse 1 cm të lartë në fletën e algave të detit. Lëreni 1 cm të lirë në krye. Mos e shtypni orizin shumë fort.
4. Përhapeni një rrip të gjatë me wasabi (të kujdesshëm, shumë të mprehtë!) në të tretën e poshtme. Sipër vendosni salmonin dhe qepën e pranverës. Duke përdorur

tapetin e bambusë, rrotulloni mbushjen me fletën nori dhe mbështillni filmin ngjitës rreth rrotullës. Shtypni rrotullën në vend me tapetin. Formoni pjesën tjetër të përbërësve në 5 role të tjera siç përshkruhet. Pritini roletë në 4 pjesë të barabarta me një thikë të mprehtë të zhytur vazhdimisht në ujë të ftohtë.

5. Ngrohni vajin në një tigan të vogël e të gjatë (temperatura është e duhur nëse formohen flluska të vogla në një dorezë luge druri të zhytur në vaj të nxehtë). Zhytni copat e sushit në pjesë në brumin e tempurës, kullojini për pak kohë dhe piqini menjëherë në vaj të nxehtë për rreth 2 minuta derisa të marrin ngjyrë kafe të artë. Kullojini shkurtimisht në peshqir letre. Shërbejeni sushin e skuqur me salcën e gatuar.

28. Maki sushi me ton dhe kastravec

përbërësit

- 1 copë kastravec (100 g)
- 100 gram ton (shumë i freskët)
- 3 Nori (alga deti të thata)
- 1 recetë orizi sushi (recetë bazë orizi sushi)
- 2 lugë gjelle wasabi (pastë rrikë jeshile)

përgatitjen

1. Qëroni kastravecin dhe priteni në gjysmë për së gjati. I heqim farat me lugë dhe e presim kastravecin për së gjati në rripa.

Presim tonin në shirita me trashësi rreth 5 mm. Përgjysmoni fletët e norit.

Roll sushi:

2. Për ta bërë këtë, vendosni një film ngjitës në një rrogoz bambuje dhe një gjysmë fletë nori sipër. Lagni duart me ujë. Përhapeni pak oriz sushi pothuajse 1 cm të lartë në fletën nori, duke lënë 1 cm të lirë sipër. Mos e shtypni orizin shumë fort. Vendosni një rrip të hollë wasabi në të tretën e poshtme të gjethes (kujdes, është shumë nxehtë!). Sipër vendosni kastravec ose ton.
3. Duke përdorur tapetin e bambusë, rrotulloni me kujdes mbushjen me fletën nori, duke e mbështjellë filmin ngjitës rreth rrotullës. Shtypni rrotullën në vend me tapetin. Shtypni rrotullën pak të sheshtë në njërën anë të gjatë me duart tuaja, kjo do t'i japë roleve formën e tyre të lotit më vonë.)
4. Bëni edhe 5 role të tjera siç përshkruhet. Pritini roletë në 8 pjesë të barabarta me një thikë të mprehtë që zhyteni vazhdimisht në ujë të ftohtë.

29. Troftë me havjar keta në kërpudha enoki

përbërësit

- 200 gram fileto trofte (shumë të freskëta, pa lëkurë)
- 100 gram kërpudha enoki (dyqan aziatik, ose kërpudha në feta shumë të holla ose rripa rrepkë)
- 100 gram keta
- 1 lugë gjelle wasabi (pastë me rrikë jeshile pikante)
- salcë soje

përgatitjen

1. Shpëlaj filetot e troftës, thajini dhe pritini në feta. Pritini kërpudhat enoki nga rrënjët në tufa dhe vendosini në një pjatë. Mbi kërpudhat vendosim peshkun dhe sipër lyejmë havjarin e troftës. Vendosni një majë wasabi në secilën pjesë të troftës. Shërbejeni peshkun të ftohur mirë me salcë soje.

30. Tabani në limon me të verdhë veze

përbërësit

- ½ limon organik
- 150 gram fileto taban (shumë të freskëta)
- 1 kreshtë panxhari (ose kreshtë kopshti)

përgatitjen

1. Ziejeni vezën fort për 10 minuta, shpëlajeni me ujë të ftohtë dhe hiqni lëvozhgën. Hiqni me kujdes të verdhat e vezëve dhe i kulloni me sitë (në të kundërt përdorni të bardhën e vezës).

2. Shpëlajeni limonin me ujë të nxehtë, përgjysmoni dhe prisni në feta shumë të holla. Vendosni copat e limonit në një pjatë. Shpëlajeni peshkun në ujë të ftohtë, thajeni dhe priteni në feta të holla. Renditni fetat mbi limon. Prisni kreshtën nga shtrati. Sipër peshkut vendosni të verdhat e vezëve dhe lakrën.

PJETA KRYESORE

31. Salmoni alpin në marinadë japoneze

përbërësit

- 1 pc. Fileto salmon alpin (600-800 g)
- 2 qepe
- 15 g xhenxhefil
- 15 g hudhër
- 1 bishtaja (e) spec djegës
- 15 copa kokrra koriandër
- 1 shkop (s) bar limoni
- 1 gëlqere (vetëm lëvozhga e qëruar hollë)

- 1 copë. Fletë gëlqereje
- 75 gram sheqer
- 200 ml salcë soje
- 15 g gjethe koriandër (të freskëta)

përgatitjen

1. Për salmonin alpin në marinadën japoneze, qepët me xhenxhefil, hudhër dhe spec djegës i grijmë imët dhe i kaurdisim së bashku me farat e koriandërit në pak vaj kikiriku pa marrë ngjyrë qepët. Shtojme sheqerin dhe e leme te karamelizohet. Deglazojini me salcën e sojës.
2. Shtoni barin e limonit me lëkurën e limonit dhe gjethen e limonit dhe zvogëloni derisa masa të jetë pak e trashë. Ftoheni dhe shtoni gjethet e korianderit të freskëta të grira.
3. Lani fileton dhe prisni pastër lëkurën me një thikë të mprehtë. Më pas e presim fileton në mënyrë tërthore në përafërsisht. Feta 3 mm të trasha. I vendosim në një tepsi dhe i hedhim marinadën.
4. Salmoni alpin në marinadën japoneze zhvillon aromën e tij më të mirë dhe konsistencën ideale pas përafërsisht. 3 orë.

32. Salmoni alpin në marinadë japoneze

përbërësit

- 300-400 g salmon, ton, gjalpë dhe/ose merluc
- disa shkopinj surimi (shkopinj gaforre)
- 1/2 avokado
- Lëng limoni
- 1 kastravec (i vogel)
- Rrepka (e bardha dhe karota)
- Xhenxhefil (turshi, për shije)
- Për salcën e zhytjes:
- salcë soje
- Verë udhëtimi

përgatitjen

1. Përdorni një thikë të mprehtë për të prerë filetat e peshkut - të hequra me kujdes nëse është e nevojshme - në copa ose feta të madhësisë së kafshatës dhe vendosini në një vend të freskët. Qëroni gjysmën e avokados, priteni tulin në rripa dhe marinojini menjëherë me pak lëng limoni. Gjithashtu, kastravecat e qëruara, rrepkat dhe karotat i presim ose i grijmë në shirita shumë të imët. Hollojeni salcën e sojës me pak verë orizi dhe ndajeni në tasa të vegjël. Në një pjatë rregulloni në mënyrë dekorative copat e peshkut dhe shkopinjtë e surimi. E zbukurojmë me perimet e përgatitura dhe e shërbejmë me salcë soje dhe pastë wasabi. Në tavolinë, përzieni pak a shumë pastën wasabi në salcën e sojës. Tani zhytni një copë peshk në salcën e sojës dhe shijojeni me disa perime.

33. Yaki Udon me gjoks pule

përbërësit

- 200 g yaki udon (petë të trasha gruri)
- 300 g perime të përziera të skuqura
- 200 gr fileto gjoksi pule
- 1 lugë vaj susami
- 4 lugë gjelle vaj luledielli
- 1/2 lugë çaji djegës hudhër (hudhër e përzier me djegës të grirë)
- 1 copë (2 cm) xhenxhefil të freskët
- 2 lugë gjelle salcë soje
- 1 lugë gjelle sheqer
- 1 lugë çaji fara susami për zbukurim

përgatitjen

1. Për jaki udonin, vendosni shumë ujë të ziejë dhe ziejini petët në të për rreth 5 minuta. Kullojeni, shpëlajeni me ujë të ftohtë dhe kullojeni.
2. Prisni fileton e pulës dhe perimet e pastruara në shirita sa gishti, grijeni xhenxhefilin.
3. Ngrohni një wok ose një tigan të rëndë, derdhni vaj susami dhe luledielli dhe ngrohni. Skuqni rripa perimesh dhe mish në të. Shtoni specin djegës të hudhrës, sheqerin, salcën e sojës dhe xhenxhefilin dhe skuqini për 3 minuta. Shtoni makaronat dhe skuqini gjithashtu për pak kohë.
4. Rregulloni yaki udon në tasa dhe spërkatni me farat e susamit përpara se ta shërbeni.

34. Barku i derrit të zier

përbërësit

- 550 gr bark derri (pa kocka, por me shtresa të bukura mishi)
- 1 copë xhenxhefil (3 cm)
- 2 thelpinj hudhre
- 1 qepë
- 1000 ml Wasser (kalt)
- Rrepkë birre (për ta zbukuruar sipas dëshirës)

Për salcën:

- 100 ml salcë soje
- 5 lugë gjelle Mirin (përndryshe verë porti)

- 1 copë xhenxhefil (2 cm, i prerë përafërsisht)
- 5 lugë sheqer
- 1 EL vaj susami
- 3 lugë vaj vegjetal
- 50 ml Dashi japonez (ose 1/2 lugë çaji pluhur Hondashi)

përgatitjen

1. Për barkun e zier të derrit, fillimisht hidhni ujë të ftohtë me xhenxhefil, hudhër, qepë dhe mish sipër dhe lëreni të ziejë. Më pas ziejini për rreth 1 orë. Kullojeni ujin dhe prisni mishin në copa sa një kafshatë.
2. Për salcën, bashkoni të gjithë përbërësit në një tenxhere. Shtoni mishin dhe ziejini derisa mishi të marrë ngjyrën e salcës së sojës dhe të jetë aq i butë sa mund të hahet lehtësisht me shkopinj. Shërbejeni barkun e derrit të zier dhe zbukurojeni me rrepkë birre të grirë nëse dëshironi.

35. Rrotulla viçi dhe qepë

përbërësit

- 4 feta (s) biftek fileto (të hollë si meshë, ose rosto viçi ose fileto viçi)
- 4 qepë të pranverës
- 1 lugë çaji sheqer
- 2 lugë salcë soje
- Xhenxhefil (i freskët i copëtuar)
- 1 lugë sheri
- Vaj (për tiganisje)

përgatitjen

1. Për roletë e viçit dhe qepëve, fillimisht prijini qepët e pranverës për së gjati në shirita. Vendoseni mishin sipër, mbulojeni me rripa qepe dhe mbështilleni fort.
2. Për marinadën, përzieni salcën e sojës, sheqerin, pak xhenxhefil dhe sheri.
3. Vendosini rolet e mishit dhe marinojini për rreth 30 minuta.
4. Më pas nxirrni dhe skuqni rrotullat e viçit dhe qepëve në skarë ose në një tigan (me pak vaj të nxehtë) për rreth 3 minuta derisa të marrin ngjyrë kafe të artë nga të dyja anët.

36. Yaki-Tori (Skewers pule të pjekur në skarë)

përbërësit

- 400 gr kapakë pule të liruara
- 2 shkop (s) presh (i hollë)
- 200 ml supë pule
- 120 ml Jap. salcë soje
- 2 lugë gjelle sheqer

përgatitjen

1. Për yaki tori, lagni tetë hell druri në ujë gjatë natës.

2. Pritini pulën në kube ose copa më të vogla (rreth 2.5 cm në madhësi). Lani preshin dhe priteni në copa të gjata 3 cm.
3. Vendoseni shkurtimisht supën e pulës me salcë soje dhe sheqer në zjarr të fortë. Tani vendosni kubet e pulës dhe preshin në mënyrë alternative në çdo hell. Zhytni hellet në salcë, kullojini dhe vendosini në një pjatë të nxehur të skarës.
4. Grijini në skarë deri në kafe të artë nga të dyja anët. Ndërkohë, lyejmë hellet e yakitori me salcë pa pushim.

37. Tempura perimesh me mousseline wasabi

përbërësit

- 1/2 piper zile (i kuq)
- 1/2 piper zile (i verdhë)
- 250 gr kungull i njomë (dhe feta patëllxhani)
- 180 ml ujë akull
- 1 e bardhe veze
- 50 gr miell orizi (ndryshe niseshte misri)
- 50 g miell gruri
- kripë
- Vaj (për tiganisje të thellë)

Për mousseline Wasabi:

- 100 gr majonezë
- 1 lugë çaji pastë wasabi
- 1 lugë gjelle krem i trashë (i rrahur)

përgatitjen

1. Pritini fetat e kungullit të njomë dhe patëllxhënit në feta sa një kafshatë dhe specin e pastruar në rripa të gjerë 5 mm. Për brumin e tempurës, përzieni ujin e akullit me të bardhën e vezëve, pak kripë, miellin e orizit dhe miellin e grurit derisa të bëhet një masë homogjene. Ngrohni shumë vaj në një wok. Kriposini pak perimet, zhyteni në brumë, kullojini dhe skuqini në vaj të nxehtë (rreth 180 ° C). E heqim dhe e kullojmë në letër kuzhine. Përziejini të gjithë përbërësit për salcën wasabi. Rregulloni perimet e pjekura në tasa ose pjata të thella dhe shërbejini me mousseline.

38. Sashimi

përbërësit

- 85 g ton (i sapobërë)
- 85 g salmon (i freskët)
- 85 g fileto levreku (e sapo bere)
- 85 g fileto turboje (në cilësinë e drejtuar në tenxhere)
- 40 g pastë wasabikren
- 100 g xhenxhefil sushi (turshi)
- 1 rrepkë birre
- 4 feta (të) lime
- Salcë soje (për zhytje)

përgatitjen

2. Qëroni rrepkën e birrës, priteni në copa të gjata 10 cm dhe pritini këto me radhë në shirita shumë të hollë. Lani në ujë të ftohtë dhe ziejini për rreth 10 minuta. Më pas kullojeni dhe lëreni mënjanë.
3. Pritini filetot e peshkut të kockave shumë të kujdesshme në feta rreth 0,7 cm të gjera me një thikë të mprehtë. Më pas pritini këto me radhë në drejtkëndësha rreth 2 cm të gjera dhe 3 cm të gjata.
4. Më pas zbukuroni 4 pjata ose pjata sushi me rrepkë birre, feta lime, wasabi dhe xhenxhefil dhe shërbejini 2 fileto peshku (gjithsej 8 feta peshk) për pjatë.
5. Shërbejeni me salcë soje.

39. Tuna Maki

përbërësit

- 120 g ton (cilësi sashimi)
- 2 fletë nori (alga deti)
- 640 g oriz sushi të gatuar (shih recetën)
- 20 g pastë Wasabikren
- 100 g xhenxhefil sushi turshi
- Salcë soje për zhytje

përgatitjen

1. Presim tonin me një thikë të mprehtë në shirita 1.5 cm të gjera dhe rreth 5 cm të gjata. Pritini me kujdes gjethet e norit përgjysmë gjerësisht me gërshërë kuzhine.

Hapni një rrogoz bambuje dhe vendosni një gjysmë fletë nori mbi të. Mbulojeni rreth 0,5 cm të trashë me oriz sushi, duke lënë 1 cm të lirë sipër. Nga e djathta në të majtë në mes, aplikoni një shtresë të hollë wasabi me gishta dhe vendosni sipër një rrip toni. Filloni të rrotulloheni në fund (ku është orizi). Formoni tapetin në mënyrë që roleja të jetë drejtkëndëshe në mënyrë që fletët e norit të mos thyhen. Shtypni lehtë rrotullën e bambusë. Hiqni tapetin e bambusë dhe përgatisni në të njëjtën mënyrë rolet e mbetura maki. Lagni shkurtimisht tehun e thikës me ujë të ftohtë dhe pritini rrotullat në gjashtë pjesë të barabarta. Rregulloni maki-n në një pjatë ose një pjatë sushi dhe zbukurojeni me wasabi dhe xhenxhefil. Shërbejeni me salcë soje.

40. Tempura vegjetale

përbërësit

- Perime të përziera (sipas ofertës)
- kripë
- Vaj vegjetal

Për brumin e tempuras:

- 200 gr miell i thjeshtë
- 200 g miell patate të ëmbël (ndryshe miell patate)
- 2 lugë sheqer
- 1/2 lugë gjelle kripë
- 300 ml ujë të ftohtë me akull
- 4 te verdha veze

Për salcën:

- 5 lugë gjelle salcë soje
- 5 lugë gjelle ujë
- 2 lugë gjelle shurup panje
- Pak xhenxhefil të copëtuar
- 1 qepë e grirë

përgatitjen

1. Pritini perimet e pastruara diagonalisht në feta me trashësi rreth 3 mm dhe kriposini pak. Për brumin, sitini të dy llojet e miellit me sheqer dhe kripë. Lëreni mënjanë rreth një të tretën dhe ktheni fetat e perimeve në të. Përzieni mirë ujin e ftohtë me të verdhat e vezëve dhe përzieni miellin e mbetur në dy grupe. Fillimisht përzieni masën derisa të jetë e lëmuar dhe më pas përzieni me pirun (asnjëherë me kamxhik!), në mënyrë që brumi të ketë një konsistencë mjaft të trashë. Ngrohni vajin në një tigan të thellë. Hiqni perimet e mielluara përmes brumit dhe zhytini në vaj të nxehtë. Piqni derisa të marrin ngjyrë të artë nga të dyja anët. Ngrini dhe kullojeni në peshqir letre. E rregullojmë dhe e servirim me salcën e

përgatitur. Për salcën, përzieni salcën e sojës me ujë, shurup panje, xhenxhefil dhe qepë të prera në kubikë.

41. Tempura e karkalecave

përbërësit

- 250 g bishta karkalecash (të mesme, pa lëvozhgë)
- 180 ml ujë akull
- 50 gr miell orizi (ndryshe niseshte misri)
- 50 g miell gruri
- kripë
- Miell (të bëhet i qetë)
- salcë soje

- Pastë Wasabikren (dhe/ose salcë djegës si pjatë anësore)
- Vaj (për tiganisje të thellë)

përgatitjen

1. Për brumin e tempuras, përzieni ujin e akullit me vezën, kripën, orizin dhe miellin e grurit derisa të jetë e qetë. Pritini pjesën e pasme të karkalecave në mënyrë që të mbetet pjesa e fundit. Prerja u jep atyre formën tipike të fluturës kur skuqen. Hiqni zorrët. Ngrohni shumë vaj në një wok. Kthejeni karkalecat në miell të butë. Më pas tërhiqeni brumin njëri pas tjetrit, kulloni brumin dhe skuqeni në yndyrë të nxehtë (180 ° C) deri në kafe të artë. E heqim dhe e kullojmë në letër kuzhine. Shërbejeni me salca të ndryshme për zhytje.

42. Tepsi me oriz pule djegës

përbërësit

- 8 gishta pule (të vogla)
- 1 pako Knorr Basis Crispy Këmbët e pulës
- 1 kub supë e pastër Knorr
- 200 g Udhëtim Basmati
- 4 domate (te vogla)
- 2 lugë gjelle pluhur paprika
- 2 lugë gjelle pastë domate
- 1 pc. Paprika (e kuqe)
- djegës (për erëza)
- Majdanoz (i freskët)

përgatitjen

2. Për tavën me oriz me spec djegës, përgatisni kofshët e pulës në bazë KNORR sipas udhëzimeve në paketim.
3. Ndërkohë, piqni orizin në një tenxhere pa shtuar yndyrë. Lyejeni me trefishin e sasisë së ujit dhe lëreni të vlojë me pluhurin e paprikës, pastën e domates dhe kubin e supës. Ziejeni tiganin e orizit me spec djegës derisa orizi të jetë i butë.
4. Ndërkohë presim specin zile dhe domatet në copa të mëdha dhe ia shtojmë pulës. Përziejmë orizin e gatuar me gishtat dhe shërbejmë me majdanoz.

43. Gyoza

përbërësit

- 200 gr mish i grire
- 1/2 shkop (s) presh
- 3 gjethe lakër kineze
- 1 fetë (të) xhenxhefil (të freskët)
- 1 thelpi hudhër
- 1 lugë gjelle salcë soje
- 1/2 lugë çaji kripë
- Piper nga mulli)
- 1 pako me gjethe wonton
- 1 lugë çaji vaj susami
- 1/2 filxhan (s) ujë

Për salcën e zhytjes:

- 1/2 filxhan (s) salcë soje
- 1/2 filxhan (s) udhëtimi
- 1 lugë çaji hudhër (i grirë imët)

përgatitjen

1. Për Gyoza, fillimisht zbardhim shkurtimisht gjethet e lakrës kineze, i shtrydhim fort dhe i presim në copa të vogla. Lajmë preshin dhe e presim në copa të vogla, si lakra kineze. Qëroni dhe grini imët xhenxhefilin dhe hudhrën. Përzieni lakrën kineze, preshin, mishin e grirë, xhenxhefilin, piperin, kripën, hudhrën dhe salcën e sojës.
2. Sipër vendosim fletët e brumit dhe në mes vendosim pak mbushje. Lyejeni pak buzën e fletës së ëmbëlsirës dhe shtypni skajet së bashku për të formuar një gjysmëhënë.
3. Ngrohni vajin në një tigan dhe skuqni gyozën në nxehtësi mesatare për 2-3 minuta derisa pjesa e poshtme të marrë ngjyrë kafe të artë. Më pas shtoni ujin dhe ziejini në tigan të mbuluar derisa uji të avullojë.

4. Për salcën e zhytjes, përzieni salcën e sojës me uthull orizi dhe hudhër. E rregullojmë gjozën me salcën dhe e shërbejmë.

44. Variacione Sushi & Maki

përbërësit

Për recetën bazë të orizit:

- 500 g oriz sushi
- 2 lugë gjelle uthull orizi
- 1 lugë çaji sheqer
- 1 lugë gjelle kripë

Për nigirin klasik të salmonit:

- Wasabi
- Për maki ton:
- Fletë Yaki nori
- Wasabi

- ton

Për Rollin e Kalifornisë:

- Wasabi
- kastravec
- avokado
- karkaleca
- Farat e susamit (të thekura)

Për role dore me kaproll peshku:

- Fletë Yaki nori
- Wasabi
- Kaprolli i peshkut
- limon

përgatitjen

1. Për variacionet sushi dhe maki, fillimisht përgatisni orizin.
2. Për orizin e sushit, shpëlajeni orizin dhe lëreni të kullojë për 1 orë, më pas shtoni orizin me të njëjtën sasi uji dhe gatuajeni në temperaturë të lartë. Më pas mbulojeni dhe kthejeni temperaturën në mesatare.

3. Kur sipërfaqja e orizit të bëhet e dukshme në tenxhere, kthehuni në cilësimin më të ulët. Kur uji të ketë avulluar ngroheni sërish për 1 minutë, më pas largoni orizin nga soba e kuzhinës dhe lëreni të avullojë për 15 minuta me kapak të mbyllur.
4. Përzieni uthullën e orizit, sheqerin dhe kripën për marinadën dhe përzieni me orizin ende të ngrohtë me kokërr të gjatë në një tas pjekjeje. Lëreni të ftohet pak, por mos e vendosni në frigorifer, përndryshe orizi bëhet i fortë.
5. Për nigirin klasik të salmonit, formoni topthа të vegjël nga orizi i sushit me dorën tuaj të lagur dhe shtypni ato. Furçë me wasabi. Sipër vendosni një fetë të madhe salmon. Kujdes: mos e bëni kurrë sushin shumë të madh në mënyrë që ta shijoni me një kafshatë.
6. Për maki ton, vendosni fletën yaki nori në tapetin e bambusë. Mbulojeni me një shtresë të hollë orizi me kokërr të gjatë. Lyejeni me pak wasabi. Sipër vendosni një rresht me shirita të ngushtë ton. Mbështilleni me rrogoz bambuje dhe priteni rolenë në feta për të bërë maki të vogël.

7. Për Roll Kaliforni, mbuloni rrogoz bambuje me film ngjitës. Sipër vendosni një shtresë të hollë orizi. Furçë me wasabi. Vendosni në mes nga 1 rrip kastravec, avokado dhe karkaleca deti. Rrokullisni me rrogoz bambuje dhe rrotulloni rrotullën e përfunduar në farat e susamit të thekur. Pritini në feta të vogla.
8. Për rrotullën e dorës me kaproll peshku, vendosni një lugë oriz në një fletë yaki nori. Rrotulloni fletën si një qese. Përhapeni pak wasabi mbi oriz dhe mbusheni me kaprol peshku (salmon, troftë etj.). Zbukuroni me një copë të vogël limoni.

45. Pulë me glazurë me fara susami

përbërës

- 1 kg kope pule
- 50 g xhenxhefil
- 1 thelpi hudhër
- 100 ml Mirin (verë e ëmbël orizi; alternativisht sheri)
- 100 ml salcë soje (japoneze)
- 2 lugë gjelle sheqer
- kripë
- 2 lugë gjelle vaj susami

përgatitjen

1. Për pulën me susam, lani këmbët e pulës dhe nëse keni blerë këmbë pule të plota, prisni këmbët dhe këmbët e poshtme përgjysmë.
2. Hiqni lëvozhgën nga xhenxhefili dhe grijeni në rende. Qëroni dhe grijeni hudhrën. Përzieni 1 1/2 lugë çaji xhenxhefil dhe hudhër me sheqer, salcë soje, mirin, pak kripë dhe disa pika vaj susami. Vendoseni mishin në marinadë në mënyrë që të mbulohet mirë nga të gjitha anët. Mbulojeni dhe lëreni të qëndrojë në frigorifer për të paktën 3 orë, mundësisht një natë.
3. Nxirreni mishin nga marinada dhe lëreni të kullojë mirë. Skuqini ngjyrë kafe nga të dyja anët në vaj të nxehtë. Hidhni vajin dhe derdhni marinadën mbi mishin. Ziejini në tigan të mbyllur në temperaturë të ulët për 20 minuta.
4. Skuqini mishin në tigan të hapur për 5 minuta të tjera, derisa salca të bëhet shurup. Pulë me farat e susamit më pas shërbejeni më mirë me një tas me oriz.

46. Mish derri i pjekur japonez

përbërësit

- 600 gr mish derri (me shpatulla ose daulle)
- kripë
- Farë qimnon
- 50 g yndyrë
- 10 gram miell
- 1 qepë (e prerë)
- 50 g selino (e prerë në feta)
- 1 lugë gjelle mustardë
- ujë

përgatitjen

1. Për mishin e derrit të pjekur japonez, skuqni qepën dhe selinon në yndyrë të nxehtë. Fërkojeni mishin me farat e qimnonit dhe kripën, vendosini mbi perimet dhe skuqini të dyja.
2. Hidhni ujë pas 1/2 ore. Pak më vonë shtoni mustardën. Në fund pluhurosni lëngun, lëreni të vlojë dhe kullojeni. Shërbejeni mishin e derrit të pjekur japonez.

47. Okonomyaki

përbërësit

- 300 gr miell
- 200 ml ujë
- 2 vezë
- 1 kokë lakër të bardhë
- 10 feta (te) proshutë
- 10 feta (e) mish gjeldeti
- 5 kërpudha

përgatitjen

1. Për okonomiyaki përbërësit së bashku dhe skuqini nga të dyja anët në tigan. Dekoroni me salcë okonomi dhe katsubushi (thekon peshku të thatë) dhe majonezë japoneze, nëse ka.

48. Maki

përbërësit

- 4 fletë nori
- 1 filxhan (s) oriz sushi (kokrra të rrumbullakëta)
- 1 avokado
- ½ kastravec
- 1 karotë
- 50 g salmon
- 2 shkopinj surimi
- 1 lugë çaji wasabi
- 2 lugë gjelle uthull orizi
- sheqer

- salcë soje

përgatitjen

1. Për maki, shpëlajeni orizin e sushit në një kullesë me ujë të ftohtë derisa uji të jetë i pastër. Kjo është e rëndësishme që niseshteja të hiqet dhe orizi, i cili është mirë ngjitës, të mos ngjitet shumë.
2. Përgatisni orizin sipas udhëzimeve në pako, rregulloni me uthull orizi, kripë deti dhe pak sheqer. Vendoseni orizin në një tas të madh dhe ndajeni në mënyrë që të ftohet më shpejt.
3. Pritini perimet e lara dhe salmonin në rripa. Vendosni një fletë nori në rrogoz bambuje dhe shtrijeni hollë me orizin e përfunduar të sushi deri në skajin e sipërm, përafërsisht. 2 cm. Funksionon më mirë kur duart tuaja janë të lagura.
4. Përhapni pak pastë wasabi sipër orizit. Përzieni perimet, salmonin ose surimin sipas dëshirës, porcionin në mes të orizit. Më pas rrotullojeni me rrogoz bambuje. Ngjiteni fundin e fletës nori me ujë. Ftoheni makin e përfunduar dhe priteni në feta përpara se ta shërbeni. Shërbejeni me salcë soje.

49. Rollatë viçi me karrota bebe

përbërësit

- 500 g mish viçi (i prerë në feta shumë të holla)
- 24 karota bebe (ose 1 1/2 karota)
- kripë
- Niseshte misri
- 1 lugë gjelle mirin
- 1 lugë gjelle salcë soje
- piper

përgatitjen

1. Për rrotullat e viçit, përzieni mirinin dhe salcën e sojës në një tas. Ndani karotat në katër katërsh dhe vendosini në një enë me mikrovalë me ujë.
2. Gatuani në mikrovalë për 3-4 minuta. Kriposni dhe piperoni mishin e viçit dhe rrotulloni 2 karota të prera në katër pjesë në 1 fetë secila. Kthejini rrotullat e përfunduara në niseshte misri.
3. Ngrohni vajin në një tigan dhe skuqni rrotullat në të. I hedhim salcën dhe e lemë të trashet. Shërbejini rrotullat e viçit me oriz ose sallatë.

50. Petë aziatike me mish viçi

përbërësit

- 200 gr petë udon
- 300 g mish viçi
- 1 presh
- 1 lugë gjelle salcë soje
- 1 gëlqere
- 1 lugë çaji djegës (i bluar)
- 3 lugë gjelle vaj susami (për tiganisje)
- 50 g lakër fasule

përgatitjen

1. Për petët aziatike me mish viçi, gatuajini petët sipas udhëzimeve të paketimit.
2. Prisni imët dhe mishin e viçit. Ngroheni vajin dhe në të skuqni preshin dhe viçin.
3. Shtoni filizat e fasules, lëngun e limonit, specat djegës dhe salcën e sojës dhe skuqini për 2 minuta të tjera.
4. Rregulloni petët aziatike me mish viçi dhe shërbejeni.

RECETA PËR PERIMET

51. Pjatë sashimi e vogël

përbërësit

- 300-400 g salmon, ton, gjalpë dhe/ose merluc
- disa shkopinj surimi (shkopinj gaforre)
- 1/2 avokado
- Lëng limoni
- 1 kastravec (i vogel)
- Rrepka (e bardha dhe karota)

- Xhenxhefil (turshi, për shije)
- Për salcën e zhytjes:
- salcë soje
- Verë udhëtimi
- Pastë Wasabikren

përgatitjen

1. Përdorni një thikë të mprehtë për të prerë filetat e peshkut - të hequra me kujdes nëse është e nevojshme - në copa ose feta të madhësisë së kafshatës dhe vendosini në një vend të freskët. Qëroni gjysmën e avokados, priteni tulin në rripa dhe marinojini menjëherë me pak lëng limoni. Prisni ose grini gjithashtu kastravecën e qëruar, rrepkën dhe karotat në shirita shumë të imët. Hollojeni salcën e sojës me pak verë orizi dhe ndajeni në tasa të vegjël. Në një pjatë rregulloni në mënyrë dekorative copat e peshkut dhe shkopinjtë e surimi. E zbukurojmë me perimet e përgatitura dhe e shërbejmë me salcë soje dhe pastë wasabi. Në tavolinë, përzieni pak a shumë pastën wasabi në salcën e sojës. Tani zhytni një copë peshk në salcën e sojës dhe shijojeni me disa perime.

52. Havjar Keta në pure daikon

përbërësit

- 120 g havjar keta
- 300 g rrepkë daikon (rrepkë japoneze, ose rrepkë të tjera të buta)
- 3 lugë salcë soje
- 4 gjethe marule jeshile
- 1 lugë çaji lëng limoni
- 1 lugë çaji xhenxhefil të sapo grirë
- Paste Wasabikren sipas dëshirës

përgatitjen

1. Për havjarin keta në purenë e daikonit, rregulloni gjethet e marules të lara dhe të

kulluara në 4 pjata. Rrepkën grijeni me një rende të imët dhe lajeni me ujë të ftohtë. Kullojini mirë në një sitë dhe ndajini në 4 pjata. Përzieni havjarin keta me salcën e sojës dhe shërbejeni sipër puresë së daikonit. Sipër vendosni xhenxhefilin e grirë dhe spërkatni me pak lëng limoni. Shërbejeni me wasabi, nëse dëshironi.

53. Sallatë Koknozu me qiqra

përbërësit

- 80 gr qiqra
- 40 g thjerrëza jeshile
- 40 gr thjerrëza të kuqe
- 80 gr oriz kaf
- 1 fletë alga deti nori, 30 x 20 cm
- 1/2 papaja
- 4 lugë gjelle thekon bonito (kube proshutë të pjekur në mënyrë alternative)
- Sallatë Frise për ta zbukuruar sipas dëshirës
- kripë
- 1/2 lugë çaji vaj susami

- 8 lugë gjelle uthull sushi

përgatitjen

1. Thitni qiqrat gjatë natës dhe ziejini derisa të zbuten të nesërmen. Thjerrëzat i fusim në ujë të ftohtë për 1 orë dhe më pas i kaurdisim derisa të jenë al dente. Gatuani orizin kaf derisa të jetë i butë për rreth 20 minuta. (Sidoqoftë, orizi nuk duhet të gatuhet shumë gjatë, përndryshe lëvozhga do të thyhet.)
2. Ndërkohë e presim fletën nori në shirita shumë të imët. Qëroni dhe theroni papajan dhe priteni në copa të vogla. Bëhet pure me mikser. Tani shtrojini njëra pas tjetrës thjerrëzat jeshile dhe të kuqe, orizin kaf dhe në fund qiqrat në enë ose gota të vogla. Sipër shpërndani shirita nori dhe thekon bonito dhe zbukurojeni me sallatë frize nëse dëshironi. Për dressing, përzieni purenë e papajas me kripë, vaj susami dhe uthull dhe shërbejeni në një tas të veçantë. Përziejini me kujdes në tavolinë.

54. Tempura vegjetale

përbërësit

- Perime të përziera (sipas ofertës)
- kripë
- Vaj vegjetal

Për brumin e tempuras:

- 200 gr miell i thjeshtë
- 200 g miell patate të ëmbël (ndryshe miell patate)
- 2 lugë sheqer
- 1/2 lugë gjelle kripë
- 300 ml ujë të ftohtë me akull
- 4 te verdha veze

Për salcën:

- 5 lugë gjelle salcë soje
- 5 lugë gjelle ujë
- 2 lugë gjelle shurup panje
- Pak xhenxhefil të copëtuar
- 1 qepë e grirë

përgatitjen

2. Pritini perimet e pastruara diagonalisht në feta me trashësi rreth 3 mm dhe kriposini pak. Për brumin, sitini të dy llojet e miellit me sheqer dhe kripë. Lëreni mënjanë rreth një të tretën dhe ktheni fetat e perimeve në të. Përzieni mirë ujin e ftohtë me të verdhat e vezëve dhe përzieni miellin e mbetur në dy grupe. Fillimisht përzieni masën derisa të jetë e lëmuar dhe më pas përzieni me pirun (asnjëherë me kamxhik!), në mënyrë që brumi të ketë një konsistencë mjaft të trashë. Ngrohni vajin në një tigan të thellë. Hiqni perimet e mielluara përmes brumit dhe zhytini në vaj të nxehtë. Piqni derisa të marrin ngjyrë të artë nga të dyja anët. Ngrini dhe kullojeni në peshqir letre. E rregullojmë dhe e servirim me salcën e

përgatitur. Për salcën, përzieni salcën e sojës me ujë, shurup panje, xhenxhefil dhe qepë të prera në kubikë.

55. Maki perime

përbërësit

- 4 copë. çarçafë Nori
- 3 lugë çante udhëtimi japonez
- 1 filxhan oriz sushi (afërsisht 250 g)
- 2 lugë sheqer
- 1 lugë gjelle kripë
- Perime (për shije p.sh. kastravec, karrota, panxhari i verdhë, avokado)
- 1 shishe salcë soje (e vogël)

- Pastë Wasabi (për shije)

përgatitjen

1. Për makin e perimeve, lani mirë orizin dhe futeni në ujë të ftohtë për të paktën një orë.
2. Vendoseni orizin të ziejë në 300 ml ujë dhe ziejini në zjarr të ulët për 10 minuta. Më pas transferojeni në një tas dhe lëreni të ftohet.
3. Sillni uthullën, sheqerin dhe kripën të ziejnë, më pas përzieni menjëherë në oriz.
4. Qëroni perimet dhe pritini në shirita të gjatë. Nëse hani perime me rrënjë, gatuajini paraprakisht perimet al dente.
5. Lagni një fletë nori dhe vendoseni në një rrotull bambuje. Përhapeni pak oriz mbi të. Vendosni perimet në mes dhe më pas mbështillni maki fort.
6. Pritini makin e perimeve me një thikë të mprehtë në përafërsisht. Feta 2,5-3 cm të trasha i rregullojmë me salcë soje, wasabi

(për shije) dhe shkopinj dhe i shërbejmë menjëherë.

56. Onigiri me lakër të kuqe dhe tofu të tymosur

përbërësit

- 50 g tofu të tymosur
- 50 g lakër të kuqe
- kripë
- 300 g Udhëtim Sushi
- 3 lugë gjelle uthull orizi
- 1 lugë gjelle sheqer
- 8 fletë nori (ose më shumë; të prera në drejtkëndësha 3 x 6 cm)
- Salcë soje (për servirje)

përgatitjen

1. Për onigiri me lakër të kuqe dhe tofu të tymosur, fillimisht grijmë imët tofun e tymosur dhe lakrën e kuqe dhe i përziejmë me pak kripë në një enë.
2. Shpëlajeni orizin në një sitë nën ujë të rrjedhshëm derisa uji të rrjedhë qartë. Hidhni 600 ml ujë në një tenxhere, shtoni orizin, lëreni të vlojë. E fikim dhe e lemë orizin të qëndrojë i mbuluar për rreth 15 minuta.
3. Shtoni uthullën me sheqer, tofu dhe lakrën e kuqe në orizin ende të nxehtë, përzieni, shtrijeni në një tepsi dhe lëreni të ftohet.
4. Hiqni orizin përafërsisht. 8 porcione të barabarta, formojini secilën në toptha dhe formësoni më mirë me një tepsi onigiri.
5. Vendosni një drejtkëndësh nori rreth fundit të onigiris, rregulloni në një pjatë dhe shërbejeni onigirin me lakër të kuqe dhe tofu të tymosur me salcë soje, nëse dëshironi.

57. Yaki-Tori (Skewers pule të pjekur në skarë)

përbërësit

- 400 gr kapakë pule të liruara
- 2 shkop (s) presh (i hollë)
- 200 ml supë pule
- 120 ml Jap. salcë soje
- 2 lugë gjelle sheqer

përgatitjen

1. Për yaki tori, lagni tetë hell druri në ujë gjatë natës.

2. Pritini pulën në kube ose copa më të vogla (rreth 2.5 cm në madhësi). Lani preshin dhe priteni në copa të gjata 3 cm.
3. Vendoseni shkurtimisht supën e pulës me salcë soje dhe sheqer në zjarr të fortë. Tani vendosni kubet e pulës dhe preshin në mënyrë alternative në çdo hell. Zhytni hellet në salcë, kullojini dhe vendosini në një pjatë të nxehur të skarës.
4. Grijini në skarë deri në kafe të artë nga të dyja anët. Ndërkohë, lyejmë hellet e yakitori me salcë pa pushim.

58. Variacione Sushi & Maki

përbërësit

Për recetën bazë të orizit:

- 500 g oriz sushi
- 2 lugë gjelle uthull orizi
- 1 lugë çaji sheqer
- 1 lugë gjelle kripë

Për nigirin klasik të salmonit:

- Wasabi
- Për maki ton:
- Fletë Yaki nori
- Wasabi

- ton

Për Rollin e Kalifornisë:

- Wasabi
- kastravec
- avokado
- karkaleca
- Farat e susamit (të thekura)

Për role dore me kaproll peshku:

- Fletë Yaki nori
- Wasabi
- Kaprolli i peshkut
- limon

përgatitjen

1. Për variacionet sushi dhe maki, fillimisht përgatisni orizin.
2. Për orizin e sushit, shpëlajeni orizin dhe lëreni të kullojë për 1 orë, më pas shtoni orizin me të njëjtën sasi uji dhe gatuajeni në temperaturë të lartë. Më pas mbulojeni dhe kthejeni temperaturën në mesatare.
3. Kur sipërfaqja e orizit të bëhet e dukshme në tenxhere, kthehuni në cilësimin më të ulët. Kur uji të ketë avulluar ngroheni sërish

për 1 minutë, më pas largoni orizin nga soba e kuzhinës dhe lëreni të avullojë për 15 minuta me kapak të mbyllur.

4. Përzieni uthullën e orizit, sheqerin dhe kripën për marinadën dhe përzieni me orizin ende të ngrohtë me kokërr të gjatë në një tas pjekjeje. Lëreni të ftohet pak, por mos e vendosni në frigorifer, përndryshe orizi bëhet i fortë.

5. Për nigirin klasik të salmonit, formoni toptha të vegjël nga orizi i sushit me dorën tuaj të lagur dhe shtypni ato. Furçë me wasabi. Sipër vendosni një fetë të madhe salmon. Kujdes: mos e bëni kurrë sushin shumë të madh në mënyrë që ta shijoni me një kafshatë.

6. Për maki ton, vendosni fletën yaki nori në tapetin e bambusë. Mbulojeni me një shtresë të hollë orizi me kokërr të gjatë. Lyejeni me pak wasabi. Sipër vendosni një rresht me shirita të ngushtë ton. Mbështilleni me rrogoz bambuje dhe priteni rolenë në feta për të bërë maki të vogël.

7. Për Roll Kaliforni, mbuloni rrogoz bambuje me film ngjitës. Sipër vendosni një shtresë të hollë orizi. Furçë me wasabi. Vendosni në

mes nga 1 rrip kastravec, avokado dhe karkaleca deti. Rrokullisni me rrogoz bambuje dhe rrotulloni rrotullën e përfunduar në farat e susamit të thekur. Pritini në feta të vogla.

8. Për rrotullën e dorës me kaproll peshku, vendosni një lugë oriz në një fletë yaki nori. Rrotulloni fletën si një qese. Përhapeni pak wasabi mbi oriz dhe mbusheni me kaprol peshku (salmon, troftë etj.). Zbukuroni me një copë të vogël limoni.

59. Maki me ton, avokado dhe shiitake

përbërësit

Për orizin:

- 400 g Udhëtim Sushi
- 650 ml ujë rubineti
- 1 1/2 lugë gjelle uthull orizi
- kripë
- sheqer

Për mbulim:

- Tuna (i prerë në shkopinj të imët)
- Pastë Wasabi
- 4 feta nori

- Shiitake (i tharë, i njomur)
- 2 copë avokado (të prera hollë, të lyera me lëng limoni)

përgatitjen

1. Për maki me ton, avokado dhe shiitake, fillimisht përgatisni orizin e sushit. Për ta bërë këtë, shpëlajeni orizin tërësisht me të ftohtë dhe lëreni të kullojë në sitë për rreth 30 minuta.
2. Ziejeni orizin në një tenxhere me ujë rubineti dhe pak kripë në temperaturë të lartë dhe ziejini në furrë për një minutë duke flluskë. Mbyllni tenxheren dhe ziejini orizin në avull në temperaturën më të ulët për 15 minuta.
3. Përzieni në uthull orizi me një shpatull druri. Për ta bërë këtë, mbajeni spatulën diagonalisht dhe për së gjati në mënyrë që orizi të mos përzihet siç duhet, por të pritet si thikë kuzhine. Në këtë mënyrë qëndron më kokrra se sa me përzierjen normale. Lëreni të ftohet.
4. Ndërkohë përgatisni tapetin prej bambuje. Sipër vendosni një fletë nori. Më pas shtrojmë orizin hollë sipër. Përhapni pak

wasabi sipër. Sipër një rresht me ton, avokado dhe shiitake. Rrotulloni duke përdorur tapetin prej bambuje.

5. Për ta servirur, priteni në feta me një thikë të mprehtë kuzhine në mënyrë që maki me ton, avokado dhe shiitake të marrë formën dhe madhësinë e tyre karakteristike.

60. Maki me salmon, kastravec dhe avokado

përbërësit

- 400 g oriz sushi (shih lidhjen në tekst)
- 3 fletë nori
- Për të mbuluar:
- 200 gr salmon (i freskët)
- 200 gr avokado (jo shumë e butë)
- 200 gr kastravec
- Wasabi

përgatitjen

1. Për maki me salmon, kastravec dhe avokado, fillimisht përgatisni orizin e sushit sipas recetës bazë. Pritini salmonin, kastravecin dhe avokadon në shirita të hollë.

2. Vendosni nga një fletë nori në një rrogoz, vendosni orizin hollë sipër, spërkatni me pak wasabi dhe vendosni në një rresht shirita salmoni, kastravec dhe avokado. Rrokulliset me dyshek.
3. Pritini në feta me një thikë të mprehtë kuzhine dhe vendosni maki me salmon, kastravec dhe avokado në një pjatë.

61. Maki me karkaleca, kastravec dhe shiitake

përbërësit

- Oriz Sushi (shih lidhjen në tekst)
- Kastravec
- Karkalecat (p.sh. Ama Ebi)
- Shiitake (i tharë)
- 3 fletë nori
- Wasabi

përgatitjen

1. Për maki me karkaleca deti, kastravec dhe shiitake, fillimisht përgatisni orizin e sushit sipas recetës bazë.
2. Lagni shiitake në ujë dhe më pas priteni në rripa. Thërrmoni kastravecin dhe priteni në

shirita të trashë 1/2 cm. Pritini edhe karkalecat në rripa.

3. Së pari vendosni një fletë nori në një rrogoz bambuje. Përhapeni orizin hollë sipër duke e lënë njërën skaj të lirë. Vendosim një rresht me karkaleca, kastravec dhe shiitake. Rrotulloni me ndihmën e tapetit prej bambuje, duke e trokitur fort.
4. Pritini roletë diagonalisht në 3 deri në 4 pjesë të barabarta dhe shërbejeni maki me karkaleca, kastravec dhe shiitake.

62. Patate të skuqura parmixhane me kungull i njomë

përbërësit

- 2-3 copa kunguj të njomë (të lara, të prera në feta 1 cm të trasha)
- kripë deti
- Piper nga mulli
- Vaj vegjetal (për tiganisje të thellë)
- Për panierën:
- 2 copë. Pronarët
- 120 g panko
- 60 g miell (universal)
- 60 gr parmezan (i grirë imët)

përgatitjen

1. Për patatinat e parmixhanit me kungull i njomë, rrisni fetat e kungujve me kripë deti dhe piper.
2. Përzieni pankon dhe parmixhanin e grirë, rrihni vezët.
3. I kthejmë fetat e kungujve në miell, i kalojmë përmes vezës së rrahur dhe i kalojmë në masën e panko-parmixhanit.
4. Piqeni në yndyrë të nxehtë në 170–180 ° C derisa të bëhet krokante dhe e artë.
5. Patatinat e parmixhanit me kunguj të njomë shërbehen më së miri të freskëta!

63. Rrjetat japoneze të kobures

përbërësit

- 5-6 degë lakër japoneze
- 2 karota (të mëdha)
- 4-5 lugë krem pana
- 1 lugë gjelle gjalpë
- 1 lugë çaji kripë bimore
- Piper (pak)

përgatitjen

1. Për bishtat e lakrës japoneze, qëroni gjethet dhe vendosini gjethet në një kullesë. Lani kërcellin dhe priteni në copa 5 mm. Lani

gjethet dhe pritini në petë të imta. Pritini karotat në kube.

2. Lëreni gjalpin të nxehet, djersini karotat e prera në kubikë dhe lakrën japoneze të prerë në kubikë dhe i skuqni lehtë, më pas derdhni kremin e rrahur dhe 125 ml ujë, i rregulloni dhe i ziejini për rreth 5 minuta.

3. Shtoni gjethet e prera dhe gatuajeni edhe për 2 minuta të tjera.

64. Maki sushi me ton dhe kastravec

përbërësit

- 1 copë kastravec (100 g)
- 100 gram ton (shumë i freskët)
- 3 Nori (alga deti të thata)
- 1 recetë orizi sushi (recetë bazë orizi sushi)
- 2 lugë gjelle wasabi (pastë rrikë jeshile)

përgatitjen

5. Qëroni kastravecin dhe priteni në gjysmë për së gjati. I heqim farat me lugë dhe e presim kastravecin për së gjati në rripa.

Presim tonin në shirita me trashësi rreth 5 mm. Përgjysmoni fletët e norit.

Roll sushi:

6. Për ta bërë këtë, vendosni një film ngjitës në një rrogoz bambuje dhe një gjysmë fletë nori sipër. Lagni duart me ujë. Përhapeni pak oriz sushi pothuajse 1 cm të lartë në fletën nori, duke lënë 1 cm të lirë sipër. Mos e shtypni orizin shumë fort. Vendosni një rrip të hollë wasabi në të tretën e poshtme të gjethes (kujdes, është shumë nxehtë!). Sipër vendosni kastravec ose ton.

7. Duke përdorur tapetin e bambusë, rrotulloni me kujdes mbushjen me fletën nori, duke e mbështjellë filmin ngjitës rreth rrotullës. Shtypni rrotullën në vend me tapetin. Shtypni rrotullën pak të sheshtë në njërën anë të gjatë me duart tuaja, kjo do t'i japë roleve formën e tyre të lotit më vonë.)

8. Bëni edhe 5 role të tjera siç përshkruhet. Pritini roletë në 8 pjesë të barabarta me një thikë të mprehtë që zhyteni vazhdimisht në ujë të ftohtë.

65. Avokado Ura Makis

Përbërësit

- 2 avokado (të pjekura)
- 250 g oriz (oriz sushi, oriz me kokërr të shkurtër)
- 1 lugë gjelle uthull orizi
- 3 gjethe nori (alga deti)
- 1 lugë çaji kripë
- 1 lugë çaji sheqer

përgatitjen

1. Për avokadon Ura Makis, fillimisht lani orizin e papërpunuar nën ujë të rrjedhshëm derisa uji të rrjedhë qartë. Gatuani orizin në zjarr të ulët për 12 minuta. Lëreni orizin e gatuar të ftohet në një pjatë të sheshtë për 10 minuta.
2. Përzieni uthullën e orizit me kripë dhe sheqer dhe spërkateni me oriz. Përziejini mirë me një lugë druri.
3. Ndani orizin në 6 pjesë të barabarta dhe shpërndani një pjesë në mënyrë të barabartë në një rrogoz bambuje. Tani vendosni një fletë nori me anën e shndritshme të kthyer nga poshtë dhe mbi të shtroni një copë tjetër orizi, duke lënë 2 cm të lirë këtu.
4. Qëroni avokadon, hiqni gurin dhe priteni në shirita të gjerë. Vendosni 2-3 shirita (në varësi të gjatësisë) në mes të të tretës së parë të orizit. Tani rrotullojeni me presion të barabartë, me ndihmën e tapetit prej bambuje, nga lart poshtë.
5. Avokado Ura Maki prerë me një thikë të mprehtë në shirita të gjerë 1,5 cm.

66. supë e ëmbël dhe e thartë

përbërësit

- 150 g gjoks pule (ose 1 kanaçe ton)
- 1-2 l supë pule
- 1/2 lugë çaji kripë
- 2 lugë gjelle salcë soje
- 1 lugë gjelle uthull
- 1 Ketchup
- 1 grusht morel
- 1 grusht kërpudha shiitake
- 2 karroca
- 2 lugë gjelle vaj kikiriku
- 3 lugë niseshte

përgatitjen

1. Për supën, përgatisni lëngun e pulës një ditë më parë ose shpërndani 2 kubikë supë pule në ujë të nxehtë.
2. Pritini imët pulën dhe përzieni me një marinadë me salcë soje, kripë, uthull dhe ketchup. Lëreni të ziejë për të paktën 30 minuta.
3. Pritini morelët dhe kërpudhat shitake dhe grini karotat. Ngrohni vajin e kikirikut në një wok dhe skuqni pulën në të.
4. Lyejeni me supën e ngrohtë të pulës dhe lëreni të vlojë. Shtoni karotat, morel dhe kërpudhat shitake dhe ziejini.
5. Shpërndani niseshtenë në 5 lugë ujë të ngrohtë dhe përzieni ngadalë në supë. E vëmë sërish në valë. Rrihni vezët në një enë dhe përzieni mirë.
6. Tani shtoni shpejt përzierjen e vezëve në supën e nxehtë me një lugë gjelle - bëni lëvizje rrethore në mënyrë që veza të shpërndahet mirë.
7. I rregullojmë sipas shijes me kripë, piper dhe sheqer.

67. Wok perime me mish

përbërësit

- 400 gr mish derri
- 580 g perime të skuqura (igloo)
- 6 lugë vaj rapese
- borzilok
- trumzë
- kripë
- piper

përgatitjen

1. Për perimet e skuqura me mish, fillimisht grijeni mishin e derrit në kubikë dhe njomni në një përzierje me vaj rapese, kripë, piper,

borzilok dhe trumzë. Lëreni të ziejë për të paktën 3 orë, mundësisht gjatë natës.
2. Vendoseni mishin e derrit në një wok pa vaj shtesë dhe skuqeni derisa të nxehet. Shtoni perimet wok dhe prisni që uji të avullojë.
3. Pastaj skuqni gjithçka përsëri së bashku. Perimet e skuqura me mish janë gjithashtu të shijshme me kripë dhe piper dhe shërbehen.

68. Tun me lakër djegës

përbërësit

- 180 gr fileto ton (e freskët)
- 1 spec djegës
- 1 thelpi hudhër
- 50 g lakër fasule
- 50 g lakër thjerrëzash
- 2 qepë të pranverës
- 1 lugë salcë djegës
- 1 lugë gjelle salcë gocë deti
- 1 lugë gjelle salcë soje
- 1 majë niseshte misri
- kripë
- piper

- Vaji i susamit (për tiganisje)

përgatitjen

1. Prisni fileton e tonit në kubikë 2 cm. Përgjysmoni specin djegës përgjysmë, hiqni bërthamën dhe grijeni thelpin e hudhrës. Pritini imët qepët e pranverës. Ngrohni pak vaj susami në një tigan wok. Shtoni qepët e pranverës, specin djegës dhe hudhrën dhe djersini në to. Shtoni lakër dhe rregulloni gjithçka me kripë dhe piper. Në fund, rregullojini me salcë djegëse. Hiqini përsëri perimet dhe mbajini të ngrohta. Tani fshijeni tavën wok me letër kuzhine. Ngrohni sërish pak vaj susami dhe skuqni shkurtimisht kubet e tonit nga të gjitha anët (duhet të jenë ende të lëngshëm nga brenda). Ndërkohë përziejmë së bashku salcën e gocave të detit, salcën e sojës, niseshtenë e misrit dhe rreth 2 lugë gjelle ujë. Hidhni këtë salcë pikante mbi tonin. Rregulloni filizat e specit djegës të nxehtë në pjata dhe vendosni kubikët e tonit sipër.

69. Tempura e salmonit dhe perimeve

përbërësit

- 150 gr fileto salmon
- 150 g perime (nëse dëshironi - qepë të pranverës, patate të ziera ..)
- 50 g miell tempura (e disponueshme në dyqanin e Azisë)
- 80 ml ujë mineral (i ftohtë)
- pak kripë
- vaj për tiganisje)
- salcë soje
- Pastë Wasabikren (dhe xhenxhefil si garniturë)

përgatitjen

1. Pritini salmonin në shirita 5 x 2 cm. Pritini perimet në copa ose shirita të madhësisë së një kafshimi. Përzieni një brumë të butë tempura të bërë me miell, ujë mineral dhe pak kripë me një kamxhik. Ngrohni vajin në një tigan ose wok të përshtatshëm. Hiqni copat e salmonit dhe perimet nëpër brumë dhe skuqini duke notuar në yndyrë mbi nxehtësi shumë të lartë (rreth 180 ° C) për rreth gjysmë minutë. (Mos shtoni asnjëherë shumë ushqime të skuqura, por punojeni në disa pjesë që vaji të mos ftohet.) Hiqni tempurën e përfunduar, kullojeni mirë në letër kuzhine dhe shërbejeni me salcë soje, wasabi dhe xhenxhefil turshi.

70. Sallatë japoneze me petë

përbërësit

- 2 gjethe lakre kineze
- 5 qepë të freskëta (të gjelbërta)
- 1 karotë (e zbardhur)
- 250 kg makarona (sipas zgjedhjes suaj)
- 3 feta proshutë (të gatuara)
- 1/2 kastravec (i qëruar)

Salcë:

- 3 lugë gjelle salcë soje Tamari
- 2 lugë gjelle sheqer
- 5 lugë supë pule
- 1 lugë çaji wasabi (pluhur rrikë)

- 1 lugë vaj susami
- 3 lugë gjelle uthull vere orizi

Omëleta:

- 2 vezë
- 1 lugë gjelle ujë
- 1 lugë çaji niseshte misri

përgatitjen

2. Për sallatën japoneze me petë, shpërndani sheqerin në uthull. Përziejini me përbërësit e tjerë të salcës.
3. Përzieni 2 vezë të rrahura, një lugë ujë dhe 1 lugë misër misër në një përzierje omlete dhe skuqeni në një tigan me pak vaj. Më pas priteni në shirita.
4. Pritini të gjithë përbërësit e tjerë në copa të vogla. Lërini mënjanë karrotën dhe gjethet e lakrës kineze, pjesën tjetër e përzieni në një tas sallatë.
5. Ziejini makaronat derisa të zbuten dhe në minutën e fundit shtoni lakrën dhe karotat.
6. Kullojeni dhe shpëlajeni për pak kohë me ujë të ftohtë. Shtoni në tasin e sallatës dhe marinojini me salcën. Lëreni sallatën japoneze me petë të thithet dhe shërbejeni.

RECETA SUPE

71. Supë Miso me kërpudha shiitake

përbërësit

- 3 kërpudha shiitake (të thata)
- 8 g wakàme (të thata)
- 1200 ml ujë (për supë)
- 3 lugë pastë miso
- 115 g tofu (të prerë në kubikë)
- 1 qepë e vogël (vetëm ajo jeshile)

përgatitjen

1. Për supën miso me kërpudha shiitake, fillimisht vendosni veçmas kërpudhat e thata dhe algat wakame në ujë të ngrohtë për 20 minuta dhe më pas kullojini. Pritini në feta të holla.
2. E vëmë ujin të vlojë, e përziejmë pastën miso, i shtojmë kërpudhat dhe i ziejmë për 5 minuta në zjarr të ulët.
3. Shpërndani tofu dhe algat në mënyrë të barabartë në 4 gota supe të ngrohura më parë, mbusheni me supën miso me kërpudha shiitake dhe spërkatni me qepë në tryezë.

72. Supë miso vegane

përbërësit

- 1 litër supë me perime
- 4 lugë paste miso (e lehtë)
- 6 kërpudha shiitake
- 1/2 lugë vaj susami
- 1 lugë gjelle salcë soje
- 1/2 lugë çaji xhenxhefil pluhur
- 150 g tofu
- 1 lugë gjelle wakame

përgatitjen

1. Për supën miso vegan, thithni algat wakama për 15 minuta dhe kullojini mirë. Pritini kërpudhat shitake në copa të vogla dhe përziejini me supën e perimeve, vajin e susamit, salcën e sojës dhe xhenxhefilin në

një tenxhere. Lëreni supën të ziejë për 5 minuta.

2. Pritini wakameae dhe tofu në copa të vogla dhe shtoni në tenxhere. Hiqeni supën nga zjarri dhe përzieni pastën miso. Pjatë me supë miso vegane dhe shërbejeni.

73. Supë Ramen me rrikë

përbërësit

- ½ shufra Allium (presh)
- 1 qepë
- 2 thelpinj hudhre
- 80 gram xhenxhefil (i freskët)
- 2 lugë vaj
- 1 grusht derri
- 1 kilogram krahë pule
- kripë
- 2 copë (alga kombu; alga të thata; dyqan aziatik)
- 30 gram shiitake të thata
- 1 tufë qepë

- 2 lugë fara susami (të lehta)
- 1 fletë nori
- 6 vezë
- 300 gram petë ramen
- 50 gram miso (i lehtë)
- 2 lugë gjelle Mirin (verë e bardhë japoneze)
- 65 gram rrikë
- Vaji i susamit (i pjekur)

përgatitjen

1. Pastroni dhe lani preshin dhe priteni në copa të mëdha. Qëroni qepën dhe hudhrën, qepën në katër pjesë. Lani 60 g xhenxhefil dhe priteni në feta. Ngrohni vajin në një tigan. Pjekim preshin, qepën, hudhrën dhe xhenxhefilin në zjarr të fortë deri në kafe të hapur.
2. Në një tenxhere të madhe vendosni perimet e skuqura me gishtin e derrit të shpëlarë dhe krahët e pulës dhe mbushni me 3,5 litra ujë. Sillni gjithçka ngadalë në një valë dhe ziejini në zjarr të ulët pa kapak për rreth 3 orë. Hiqni shkumën në rritje. Pas 2 orësh, lyejeni lëngun me kripë.
3. Hidheni lëngun në një sitë të imët në një tenxhere tjetër (përafërsisht 2,5-3 l).

Ndoshta degresoni pak supën. Fshini algat kombu me një leckë të lagur. Shtoni kërpudhat shiitake dhe algat kombu në lëngun e nxehtë dhe lërini të ziejnë për 30 minuta.

4. Hiqni gishtin e derrit nga lëvozhga, yndyra dhe kocka dhe priteni në copa sa kafshatë. Mos përdorni krahët e pulës për supë (shih këshillën).

5. Qëroni xhenxhefilin e mbetur dhe priteni në rripa të hollë. Pastroni dhe lani qepët e freskëta, pritini në rrathë të imët dhe vendosini në ujë të ftohtë. Skuqini farat e susamit në një tigan të thatë derisa të marrin ngjyrë kafe të lehtë. Lyejeni algat e detit nori, skuqini pak në një tigan të thatë dhe pritini në shirita shumë të imët. Mblidhni vezët, ziejini në ujë të vluar për 6 minuta, shpëlajini me ujë të ftohtë, qëroni me kujdes. Ziejini makaronat në ujë të vluar për 3 minuta, hidhini në një sitë, shpëlajini pak me të ftohtë dhe më pas kullojini.

6. Hiqni kërpudhat dhe algat e kombinuara nga supa. Hiqni kërcellin e kërpudhave, copëtoni imët kapakët e kërpudhave, mos përdorni më algat e kombinuara. Ngrohni lëngun (mos

vloni). Përzieni pastën miso dhe mirin, shtoni kërpudha shiitake të copëtuara. Kulloni qepët e pranverës në një kullesë. Qëroni rrikë.

7. Lëngun e ndajmë në enë. Hidhni në kyçin e derrit, petët, vezët e përgjysmuara, farat e susamit, xhenxhefilin, qepët e pranverës dhe algat e detit nori. Shërbejeni me shumë rrikë të sapo grirë dhe vaj susami.

74. Supë miso tofu me petë soba

përbërësit

- Soba (petë soba: spageti të bëra nga hikërror dhe grurë)
- 2 lugë çaji vaj susami (i pjekur)
- 1 lugë fara susami
- 4 qepë të pranverës
- 2 mini tranguj
- 100 gram gjethe spinaqi
- 200 gram tofu
- $1\frac{1}{4}$ litër lëng perimesh
- 1 copë xhenxhefil (rreth 20 g)
- 2 lugë (alga të menjëhershme wakame)

- 2½ lugë gjelle Shiro miso (pastë nga tregu organik ose aziatik)
- Gjethet e koriandrit (për zbukurim)

përgatitjen

1. Gatuani petët e sobës sipas udhëzimeve në pako. Hidheni në një sitë, kulloni mirë dhe përzieni me vajin e susamit. Skuqini farat e susamit në një tigan që nuk ngjit deri në kafe të artë. E nxjerrim nga soba dhe e leme te ftohet.
2. Pastroni dhe lani qepët e freskëta, pritini pjesët e bardha dhe jeshile të lehta në rrathë të imët. Lani kastravecat dhe pritini në shkopinj rreth 3 cm të gjatë. Renditni spinaqin, lani dhe tundni të thatë, duke hequr bishtat e trashë. Thajeni tofu-n dhe priteni në kubikë 2 cm.
3. Lëmë lëngun të ziejë në një tenxhere. Qëroni xhenxhefilin dhe priteni në feta, shtoni lëngun me alga deti dhe ziejini për rreth 2 minuta. Përziejmë pastën miso me 5 lugë ujë derisa të bëhet një masë, shtojeni në lëngun e mishit dhe lëreni të ziejë për 5 minuta të tjera. Më pas shtoni tofu, qepët dhe kastravecin në supë dhe lërini të ziejnë.

4. Për ta shërbyer, lani korianderin dhe tundeni të thahet. Përhapeni petët e sobës dhe spinaqin në tasa ose filxhanë dhe derdhni lëngun e zier mbi to. Sipër shpërndajmë farat e thekura të susamit dhe gjethet e korianderit. Shërbejeni menjëherë.

75. Supë japoneze

- **përbërësit**
- Ndoshta 2 lugë gjelle alga deti të thata (wakame)
- 50 g kërpudha shiitake ose mundësisht kërpudha
- 1 karotë (e madhe)
- 1 qepë (e vogël)
- 100 gr presh
- 2,5 lugë gjelle Dashi-no-moto (pluhur supë peshku japonez, A Laden; ose lëng mishi i menjëhershëm)
- 3 lugë gjelle salcë soje e lehtë (Usukuchi)
- 1 lugë çaji kripë
- 2 vezë

përgatitjen

1. Thithni algat në ujë të ftohtë për të paktën 2 orë, shtrydhni me kujdes dhe prisni.

2. Pritini kërpudhat dhe pritini në feta të holla, qëroni karotat, pritini në shkopinj.

3. Qëroni qepën dhe priteni në gjysmë rrathë, pastroni preshin, e prisni në gjysmë dhe fillimisht në copa të gjata 3 cm, pastaj në rripa.

4. Përzieni pluhurin e supës së peshkut në 1,1 litër ujë të vluar, shtoni salcën e sojës dhe kripën. Skuqini perimet në supë për rreth 2 minuta.

5. Përziejini vezët dhe hidhini ngadalë në supë në një rrjedhë të hollë (nga një lartësi rreth 40 cm). Lëreni të qëndrojë për 1 minutë dhe sillni supën në tryezë.

76. Supë me petë me kërpudha japoneze

përbërësit

- 1200 ml Supë Dashi
- 1 lugë gjelle mirin; ose për hir
- 1 lugë gjelle sheqer të papërpunuar
- 1 copë xhenxhefil (i freskët, i grirë)
- Salcë soje; sipas nevojës

Instalim:

- 350 g Petë me vezë kineze shumë të imta, p.sh. ramen
- 3 qepë të imta
- 1 kastravec me rreze të lirë (i vogël)

- 100 g kërpudha Enoki
- 100 g kërpudha goca deti shumë të vogla
- 50 gr spinaq (gjethe)
- 150 gram tofu; prerë në shirita ose kube

përgatitjen

1. Provoni këtë pjatë të shijshme makarona:
2. Lëreni supën të ziejë, e rregulloni me sheqer, verë orizi, xhenxhefil dhe salcë soje. Makaronat i ziejmë shkurtimisht në ujë me kripë të vluar derisa të jenë al dente, i kullojmë dhe i shpërndajmë në mënyrë të barabartë në enët e supave.
3. Pritini qepët e freskëta, qëroni kastravecin, priteni në gjysmë, bërthamën dhe priteni në rripa të ngushtë. Përhapeni në mënyrë të barabartë në tasat e pjekjes me kërpudhat.
4. Hidhni mbi të supë të nxehtë. Shërbejeni.

77. Sallatë japoneze me petë

përbërësit

- 2 gjethe lakre kineze
- 5 qepë të freskëta (të gjelbërta)
- 1 karotë (e zbardhur)
- 250 kg makarona (sipas zgjedhjes suaj)
- 3 feta proshutë (të gatuara)
- 1/2 kastravec (i qëruar)

Salcë:

- 3 lugë gjelle salcë soje Tamari
- 2 lugë gjelle sheqer
- 5 lugë supë pule
- 1 lugë çaji wasabi (pluhur rrikë)
- 1 lugë vaj susami

- 3 lugë gjelle uthull vere orizi

Omëleta:

- 2 vezë
- 1 lugë gjelle ujë
- 1 lugë çaji niseshte misri

përgatitjen

1. Për sallatën japoneze me petë, shpërndani sheqerin në uthull. Përziejini me përbërësit e tjerë të salcës.
2. Përzieni 2 vezë të rrahura, një lugë ujë dhe 1 lugë misër misër në një përzierje omlete dhe skuqeni në një tigan me pak vaj. Më pas priteni në shirita.
3. Pritini të gjithë përbërësit e tjerë në copa të vogla. Lërini mënjanë karrotën dhe gjethet e lakrës kineze, pjesën tjetër e përzieni në një tas sallatë.
4. Ziejini makaronat derisa të zbuten dhe në minutën e fundit shtoni lakrën dhe karotat.
5. Kullojeni dhe shpëlajeni për pak kohë me ujë të ftohtë. Shtoni në tasin e sallatës dhe marinojini me salcën. Lëreni sallatën japoneze me petë të thithet dhe shërbejeni.

78. supë e ëmbël dhe e thartë

përbërësit

- 150 g gjoks pule (ose 1 kanaçe ton)
- 1-2 l supë pule
- 1/2 lugë çaji kripë
- 2 lugë gjelle salcë soje
- 1 lugë gjelle uthull
- 1 Ketchup
- 1 grusht morel
- 1 grusht kërpudha shiitake
- 2 karroca
- 2 lugë gjelle vaj kikiriku
- 3 lugë niseshte

përgatitjen

1. Për supën, përgatisni lëngun e pulës një ditë më parë ose shpërndani 2 kubikë supë pule në ujë të nxehtë.
2. Pritini imët pulën dhe përzieni me një marinadë me salcë soje, kripë, uthull dhe ketchup. Lëreni të ziejë për të paktën 30 minuta.
3. Pritini morelët dhe kërpudhat shitake dhe grini karotat. Ngrohni vajin e kikirikut në një wok dhe skuqni pulën në të.
4. Lyejeni me supën e ngrohtë të pulës dhe lëreni të vlojë. Shtoni karotat, morel dhe kërpudhat shitake dhe ziejini.
5. Shpërndani niseshtenë në 5 lugë ujë të ngrohtë dhe përzieni ngadalë në supë. E vëmë sërish në valë. Rrihni vezët në një enë dhe përzieni mirë.
6. Tani shtoni shpejt përzierjen e vezëve në supën e nxehtë me një lugë gjelle - bëni lëvizje rrethore në mënyrë që veza të shpërndahet mirë.
7. I rregullojmë sipas shijes me kripë, piper dhe sheqer.

79. Supë me perime japoneze

përbërësit

- 8 kërpudha (të mëdha)
- 125 g lakër fasule
- 250 g kërcell bambuje
- 100 gr spinaq
- 3 vezë
- 800 ml lëng pule

përgatitjen

1. Një recetë fasule për çdo shije:
2. Pastroni, shpëlani dhe kulloni kërpudhat. Pritini në feta të vogla.

3. Hidhni filizat e fasules dhe lastarët e bambusë në një sitë dhe kullojini mirë.
4. Pritini fidanet e bambusë në shirita të ngushtë.
5. Zgjidhni spinaqin, shpëlajeni dhe gjithashtu priteni në rripa.
6. Shpërndani perimet në mënyrë të barabartë në 4 gota supe të papërshkueshme nga furra.
7. Përziejmë supën me vezët dhe ia hedhim sipër perimeve.
8. Mbyllni kupat me letër alumini, vendosini në tavën e furrës dhe derdhni ujë të vluar.
9. Vendoseni në sobën e nxehur (E: 175 ° C) dhe gatuajeni për rreth gjysmë ore.
10. Hiqeni dhe sillni në tryezë në vend.
11. Nëse nuk ju pëlqejnë fidanet e bambusë, mund të përdorni edhe shirita me lakër kineze.

80. Supë japoneze me alga deti

përbërësit

- 1000 ml supë perimesh
- 80 ml salcë soje
- 1 stacion vagon; Njolla 10x10 cm (alga kafe të thara)
- 20 g thekon bonito
- 10 kërpudha shiitake (të freskëta)
- 20 g kërpudha Mu-Err
- 150 g tempeh
- 30 g wakame

përgatitjen

1. Për lëngun bazë, fshijeni pak kombinimin me një tas të lagur dhe ngroheni deri në zierje në enën e ftohtë të supës me perime dhe me thekon bonito. Hiqeni supën e pastër nga zjarri dhe hidheni në një sitë të imët. Mos vazhdoni të përdorni kombu dhe bonito.
2. Ky material bazë është gjithashtu i disponueshëm si produkt i përfunduar. Më pas quhet Dashi-no-Moto dhe përzihet vetëm në ujë.
3. Thithni kërpudhat mu-err në ujë të ftohtë dhe prisni kërpudhat shii-take dhe tempeh. Ngrohni shiit Merrni kërpudha, kërpudha Mu Err, tempeh dhe wakame në supën e pastër dhe sillni ato të nxehta në tryezë.

RECETA E MISHIT

81. Rrotulla viçi dhe qepë

përbërësit

- 4 feta (s) biftek fileto (të hollë si meshë, ose rosto viçi ose fileto viçi)
- 4 qepë të pranverës
- 1 lugë çaji sheqer
- 2 lugë salcë soje
- Xhenxhefil (i freskët i copëtuar)
- 1 lugë sheri

- Vaj (për tiganisje)

përgatitjen

1. Për roletë e viçit dhe qepëve, fillimisht prijini qepët e pranverës për së gjati në shirita. Vendoseni mishin sipër, mbulojeni me rripa qepe dhe mbështilleni fort.
2. Për marinadën, përzieni salcën e sojës, sheqerin, pak xhenxhefil dhe sheri.
3. Vendosini rolet e mishit dhe marinojini për rreth 30 minuta.
4. Më pas nxirrni dhe skuqni rrotullat e viçit dhe qepëve në skarë ose në një tigan (me pak vaj të nxehtë) për rreth 3 minuta derisa të marrin ngjyrë kafe të artë nga të dyja anët.

82. Pulë me glazurë me fara susami

përbërës

- 1 kg kope pule
- 50 g xhenxhefil
- 1 thelpi hudhër
- 100 ml Mirin (verë e ëmbël orizi; alternativisht sheri)
- 100 ml salcë soje (japoneze)
- 2 lugë gjelle sheqer
- kripë
- 2 lugë gjelle vaj susami

përgatitjen

1. Për pulën me susam, lani këmbët e pulës dhe nëse keni blerë këmbë pule të plota, prisni këmbët dhe këmbët e poshtme përgjysmë.
2. Hiqni lëvozhgën nga xhenxhefili dhe grijeni në rende. Qëroni dhe grijeni hudhrën. Përzieni 1 1/2 lugë çaji xhenxhefil dhe hudhër me sheqer, salcë soje, mirin, pak kripë dhe disa pika vaj susami. Vendoseni mishin në marinadë në mënyrë që të mbulohet mirë nga të gjitha anët. Mbulojeni dhe lëreni të qëndrojë në frigorifer për të paktën 3 orë, mundësisht një natë.
3. Nxirreni mishin nga marinada dhe lëreni të kullojë mirë. Skuqini ngjyrë kafe nga të dyja anët në vaj të nxehtë. Hidhni vajin dhe derdhni marinadën mbi mishin. Ziejini në tigan të mbyllur në temperaturë të ulët për 20 minuta.
4. Skuqini mishin në tigan të hapur për 5 minuta të tjera, derisa salca të bëhet shurup. Pulë me farat e susamit më pas shërbejeni më mirë me një tas me oriz.

83. Mish derri i pjekur japonez

përbërësit

- 600 gr mish derri (me shpatulla ose daulle)
- kripë
- Farë qimnon
- 50 g yndyrë
- 10 gram miell
- 1 qepë (e prerë)
- 50 g selino (e prerë në feta)
- 1 lugë gjelle mustardë
- ujë

përgatitjen

1. Për mishin e derrit të pjekur japonez, skuqni qepën dhe selinon në yndyrë të nxehtë. Fërkojeni mishin me farat e qimnonit dhe

kripën, vendosini mbi perimet dhe skuqini të dyja.
2. Hidhni ujë pas 1/2 ore. Pak më vonë shtoni mustardën. Në fund, pluhurosni lëngun, lëreni të vlojë dhe kullojeni. Shërbejeni mishin e derrit të pjekur japonez.

84. Rollatë viçi me karrota bebe

përbërësit

- 500 g mish viçi (i prerë në feta shumë të holla)
- 24 karota bebe (ose 1 1/2 karota)
- kripë
- Niseshte misri
- 1 lugë gjelle mirin
- Përgatitja e salcës së sojës 1 lugë gjelle
- piper

përgatitjen

1. Për rrotullat e viçit, përzieni mirinin dhe salcën e sojës në një tas. Ndani karotat në

katër katërsh dhe vendosini në një enë me mikrovalë me ujë.

2. Gatuani në mikrovalë për 3-4 minuta. Kriposni dhe piperoni mishin e viçit dhe rrotulloni 2 karota të prera në katër pjesë në 1 fetë secila. Kthejini rrotullat e përfunduara në niseshte misri.

3. Ngrohni vajin në një tigan dhe skuqni rrotullat në të. I hedhim salcën dhe e lemë të trashet. Rolet e viçit me oriz ose sallatë shërbejnë.

85. Petë aziatike me mish viçi

përbërësit

- 200 gr petë udon
- 300 g mish viçi
- 1 presh
- 1 lugë gjelle salcë soje
- 1 gëlqere
- 1 lugë çaji djegës (i bluar)
- 3 lugë gjelle vaj susami (për tiganisje)
- 50 g lakër fasule

përgatitjen

1. Për petët aziatike me mish viçi, gatuajini petët sipas udhëzimeve të paketimit.
2. Prisni imët dhe mishin e viçit. Ngroheni vajin dhe në të skuqni preshin dhe viçin.
3. Shtoni filizat e fasules, lëngun e limonit, specat djegës dhe salcën e sojës dhe skuqini për 2 minuta të tjera.
4. Petë aziatike me mish viçi i përziejmë së bashku dhe i shërbejmë.

86. Wok perime me mish

përbërësit

- 400 gr mish derri
- 580 g perime të skuqura (igloo)
- 6 lugë vaj rapese
- borzilok
- trumzë
- kripë
- piper

përgatitjen

1. Për perimet e skuqura me mish, fillimisht grijeni mishin e derrit në kubikë dhe njomni në një përzierje me vaj rapese, kripë, piper,

borzilok dhe trumzë. Lëreni të ziejë për të paktën 3 orë, mundësisht gjatë natës.
2. Vendoseni mishin e derrit në një wok pa vaj shtesë dhe skuqeni derisa të nxehet. Shtoni perimet wok dhe prisni që uji të avullojë.
3. Pastaj skuqni gjithçka përsëri së bashku. Perimet e skuqura me mish janë gjithashtu të shijshme me kripë dhe piper dhe shërbehen.

87. Barku i derrit BBQ japonez

përbërësit

- 400 gr bark derri (i prerë hollë)
- 1/4 qepë
- 1 copë xhenxhefil (e vogël)
- 1 qepë e vogël
- 2 thelpinj hudhër (të shtypura)
- 2 speca djegës (të thata)
- 2 lugë gjelle sake
- 2 lugë gjelle salcë soje
- 1 1/2 lugë mjaltë
- 1/2 ketchup
- 1 lugë fara susami (të thekur)
- piper

përgatitjen

1. Për barkun e derrit japonez BBQ, grijeni qepën dhe xhenxhefilin në një tas.
2. Prisni qepën e pranverës dhe përzieni të gjithë përbërësit në një marinadë. Zhyteni barkun e derrit në marinadë për 1 orë. Barkun e derrit e grijmë në skarë nga të dyja anët derisa të bëhet krokant.
3. Shërbejeni barkun e derrit BBQ japonez.

88. Brinjë rezervë japoneze

përbërësit

- 1 kg brinjë rezervë
- 1 filxhan (s) salcë soje
- 1 filxhan (s) mirin
- 1/2 filxhan (s) sheqer
- 1/4 filxhan (s) pastë me spec djegës Korean (Sun Kochuchang)
- 6 thelpi hudhër (të shtypura)
- 2 lugë gjelle vaj susami
- 1 lugë fara susami
- 1 qepë e vogël

përgatitjen

1. Për brinjët rezervë japoneze, përzieni të gjithë përbërësit në një tas. Lërini brinjët rezervë të futen në marinadë gjatë natës.
2. Grill me lëng në skarë.

89. Petë soba me pulë

përbërësit

- 250 g petë soba (petë japoneze)
- 1 lugë çaji lëng xhenxhefili (i freskët)
- 200 gr gjoks pule
- 140 g qepë të pranverës
- 2 lugë gjelle vaj kikiriku
- 400 ml Ichiban Dashi (supë bazë)
- 140 ml salcë soje (ferr)
- 1 lugë gjelle mirin
- 2 lugë gjelle alga deti nori
- 2 lugë gjelle Katsuo-Bushi (thekon bonito të thata)
- 1 lugë susam (i pjekur)

përgatitjen

1. Për petët soba me pulë, fillimisht gatuajini petët në ujë me kripë deri sa të jenë al dente, më pas kullojini dhe shpëlajini me ujë të nxehtë. Kullojeni. Përdorini ato sa më shpejt që të jetë e mundur, përndryshe ato do të fryhen dhe do të humbasin forcën e tyre.
2. Pritini pulën në shirita të trashë sa gishti dhe spërkatni me lëng xhenxhefili. Hidhni qepët e grira hollë në vaj të nxehtë. Fryni dashin me mirin dhe salcë soje. I trazojmë makaronat e kulluara.
3. Shpërndani petët në mënyrë të barabartë në tas, mbulojini me përzierjen e mishit dhe qepëve, spërkatni me alga deti të grira imët, ashkla bonito dhe farat e susamit. Sillni petë soba me pulë në tryezë.

90. Makarona me mish viçi dhe perime

përbërësit

- 10 g kërpudha Mu-Err
- kripë
- 250 gram mish viçi; ose mish derri, Ge
- 300 g perime të përziera (p.sh. presh, karrota)
- 100 g fidane soje
- 2 lugë gjelle vaj kikiriku
- 1 lugë gjelle xhenxhefil (i grirë shumë hollë)
- 2 thelpinj hudhre
- 400 gr petë kineze
- kripë
- 250 ml supë pule
- 1 lugë çaji niseshte misri

- 2 lugë gjelle sake (ose sheri të thatë)
- 2 lugë gjelle salcë soje
- 1 majë Sambal Ölek

përgatitjen

1. Pjatat me makarona janë gjithmonë të shijshme!
2. Thithni kërpudhat në ujë. Bëni makaronat në ujë me kripë të lehtë. Pritini mishin në feta të imta, të vogla. Pastroni perimet dhe pritini në rripa nëse është e mundur. Zbardhni (përvëloni) fasulet që mbijnë në një kullesë me ujë të valë.
3. Ngrohni 1 lugë gjelle vaj në një tigan të madh ose wok. Hidhni mishin dhe skuqeni shpejt duke e kthyer vazhdimisht. Nxirreni dhe lëreni mënjanë.
4. Derdhni vajin e mbetur në tigan. Skuqim shkurt perimet, fidanët e sojës të kulluar, kërpudhat, rrënjën e xhenxhefilit dhe hudhrën e shtrydhur me 2 majë kripë duke i trazuar. E heqim nga pjekja dhe e shtojmë te mishi.
5. Përziejini të gjithë përbërësit për salcën, shtoni në tigan ose ndoshta në tepsi dhe përzieni duke e trazuar. Sezoni sipas

nevojës. Përzieni perimet dhe mishin e skuqur me salcën e nxehtë. Mos e bëj më.
6. Mbi makaronat e kulluara vendosim mishin dhe perimet me salcen.

SHPEZH

91. Yaki Udon me gjoks pule

përbërësit

- 200 g yaki udon (petë të trasha gruri)
- 300 g perime të përziera të skuqura
- 200 gr fileto gjoksi pule
- 1 lugë vaj susami
- 4 lugë gjelle vaj luledielli

- 1/2 lugë çaji djegës hudhër (hudhër e përzier me djegës të grirë)
- 1 copë (2 cm) xhenxhefil të freskët
- 2 lugë gjelle salcë soje
- 1 lugë gjelle sheqer
- 1 lugë çaji fara susami për zbukurim

përgatitjen

1. Për jaki udonin, vendosni shumë ujë të ziejë dhe ziejini petët në të për rreth 5 minuta. Kullojeni, shpëlajeni me ujë të ftohtë dhe kullojeni.
2. Prisni fileton e pulës dhe perimet e pastruara në shirita sa gishti, grijeni xhenxhefilin.
3. Ngrohni një wok ose një tigan të rëndë, derdhni vaj susami dhe luledielli dhe ngrohni. Skuqni rripa perimesh dhe mish në të. Shtoni specin djegës të hudhrës, sheqerin, salcën e sojës dhe xhenxhefilin dhe skuqini për 3 minuta. Shtoni makaronat dhe skuqini gjithashtu për pak kohë.
4. Rregulloni yaki udon në tasa dhe spërkatni me farat e susamit përpara se ta shërbeni.

92. Tepsi me oriz pule djegës

përbërësit

- 8 gishta pule (të vogla)
- 1 pako Knorr Basis Crispy Këmbët e pulës
- 1 kub supë e pastër Knorr
- 200 g Udhëtim Basmati
- 4 domate (te vogla)
- 2 lugë gjelle pluhur paprika
- 2 lugë gjelle pastë domate
- 1 pc. Paprika (e kuqe)
- djegës (për erëza)
- Majdanoz (i freskët)

përgatitjen

1. Për tavën me oriz me spec djegës, përgatisni kofshët e pulës në bazë KNORR sipas udhëzimeve në paketim.
2. Ndërkohë, piqni orizin në një tenxhere pa shtuar yndyrë. Lyejeni me trefishin e sasisë së ujit dhe lëreni të vlojë me pluhurin e paprikës, pastën e domates dhe kubin e supës. Ziejeni tiganin e orizit me spec djegës derisa orizi të jetë i butë.
3. Ndërkohë presim specin zile dhe domatet në copa të mëdha dhe ia shtojmë pulës. Përziejmë orizin e gatuar me gishtat dhe shërbejmë me majdanoz.

93. Pulë në bukë me dhallë pikante

përbërësit

- 500 g pulë (batulla ose krahë pule)
- 150 ml dhallë
- 4 thelpinj hudhër (të shtypura)
- 1 djegës djegës (i grirë imët)
- 1 lugë gjelle lëng limoni
- kripë
- piper
- 3 lugë gjelle miell (i grumbulluar)

përgatitjen

1. Për pulën në një bukë me dhallë pikante, përzieni mirë përbërësit për marinadën dhe thithni copat e pulës në të për rreth 1 orë. Shkundni miellin dhe pulën mirë në një qese të mbyllur.
2. Piqni në shumë vaj luledielli të nxehtë në 170 ° C për rreth 8 minuta. Kur te marrin ngjyre te verdhe te arte i largojme nga yndyra dhe i leme te kullojne shkurtimisht ne leter kuzhine.
3. Spërkateni pulën e përfunduar në një dhallë pikante, të mbushur me lëng limoni të freskët përpara se ta shërbeni.

94. Këmbët e pulës me domate

përbërësit

- 4 këmbë pule
- 50 g proshutë të tymosur (për të përtypur)
- kripë
- piper
- 100 g Thea
- 1 qepë (copëtuar)
- 100 g Zeller (i grirë)
- 3 copë domate
- 1 lugë gjelle miell (i lëmuar)
- 1/2 tufë majdanoz (i copëtuar)

përgatitjen

1. Për këmbët e pulës me domate, lyejini këmbët e pulës me proshutë, i rregulloni me kripë dhe piper dhe i skuqni në THEA të nxehtë.
2. Shtoni qepën dhe bodrumin dhe skuqini pak. Ziejini domatet në avull në pak ujë me kripë, kullojini dhe shtojini te këmbët e pulës. Ziejini në temperaturë të ulët për 35 minuta, derisa mishi të zbutet.
3. Lëngun e pudrosim me miell, e vëmë sërish në valë dhe i shërbejmë këmbët e pulës me domate të spërkatura me majdanoz.

95. Fileto pule në një salcë aromatike

përbërësit

- 200 g tofu (i fortë: kube të vegjël)
- Vaj (për tiganisje)
- 15 g kërpudha shitake (të thata)
- 200 ml lëng perimesh
- 6 lugë gjelle domate (të kulluara)
- 4 lugë sheri të mesme
- 3 lugë salcë soje
- 1 lugë çaji xhenxhefil (i freskët, i copëtuar)
- 1 lugë çaji mjaltë
- Pluhur speci djegës
- 2 luge vaj
- 1 thelpi hudhër (të prerë imët)

- 200 g gjoks pule (shirita të hollë)
- kripë
- 1 lugë çaji niseshte misri
- 3 TBSP. Ujë (i ftohtë)
- 1 karotë (lapsa të imët)
- 80 g lakër fasule
- 2 qepë të vogla (unaza të imta)

përgatitjen

1. Thajeni tofu-n dhe skuqeni në vaj deri në kafe të artë. Për të hequr yndyrën e tepërt, vendosni shkurtimisht kubat tofu në ujë të nxehtë, kullojini dhe fshijini. Shpëlajini kërpudhat e thata, u hidhni ujë të vluar dhe lërini të fryhen për 1 orë. I kullojmë, i kullojmë dhe i presim kërpudhat në feta të holla. Për salcën aromatike, përzieni lëngun e perimeve, salcën e domates, sherin mesatar, salcën e sojës, xhenxhefilin, mjaltin dhe një majë spec djegës. Ngrohni 1 lugë gjelle vaj në një wok ose një tigan që nuk ngjit. Skuqini hudhrën dhe pulën në të për një moment, duke e trazuar dhe kripë pak. Përziejini kërpudhat. Përziejini me salcën aromatike dhe kubet tofu. Ziejeni gjithçka të mbuluar për 10 minuta. Përzieni niseshtën e misrit me

3 lugë ujë të ftohtë derisa të bëhet një masë homogjene, përzieni dhe ziejini për një moment derisa salca të trashet. Ngrohni 1 lugë gjelle vaj në një tigan të lyer ose në një wok deri në fund të kohës së gatimit. Skuqini karotat në të për një moment duke i trazuar, pak kripë. Përziejini me lakër dhe qepët e freskëta dhe skuqini pak duke i trazuar. Përzieni karotat, lakërt dhe qepët me tofu dhe pulën në një salcë aromatike.

96. Petë soba me pulë

përbërësit

- 250 g petë soba (petë japoneze)
- 1 lugë çaji lëng xhenxhefili (i freskët)
- 200 gr gjoks pule
- 140 g qepë të pranverës
- 2 lugë gjelle vaj kikiriku
- 400 ml Ichiban Dashi (supë bazë)
- 140 ml salcë soje (ferr)
- 1 lugë gjelle mirin
- 2 lugë gjelle alga deti nori
- 2 lugë gjelle Katsuo-Bushi (thekon bonito të thata)
- 1 lugë susam (i pjekur)

përgatitjen

1. Për petët soba me pulë, fillimisht ziejini petët në ujë me kripë deri sa të jenë al dente, më pas kullojini dhe shpëlajini me ujë të nxehtë. Kullojeni. Përdorini ato sa më shpejt që të jetë e mundur, përndryshe ato do të fryhen dhe do të humbasin forcën e tyre.
2. Pritini pulën në shirita të trashë sa gishti dhe spërkatni me lëng xhenxhefili. Hidhni qepët e grira hollë në vaj të nxehtë. Fryni dashin me mirin dhe salcë soje. I trazojmë makaronat e kulluara.
3. Shpërndani petët në mënyrë të barabartë në tas, mbulojini me përzierjen e mishit dhe qepëve, spërkatni me alga deti të grira imët, ashkla bonito dhe farat e susamit. Sillni petë soba me pulë në tryezë.

97. Petë soba

përbërësit

- 250 g petë soba (petë japoneze hikërror)
- 140 g qepë të pranverës
- 400 ml Ichiban Dashi (supë, japoneze)
- 1 lugë çaji lëng xhenxhefili (i freskët)
- 200 g pulë (gjiri)
- 2 lugë gjelle Katsuo-Bushi (thekon bonito të thata)
- 1 lugë susam (i thekur)
- 2 lugë gjelle vaj kikiriku
- 1 lugë gjelle mirin
- 2 lugë gjelle alga deti nori
- 140 ml salcë soje (ferr)

përgatitjen

1. Për petët soba, ziejini petët në ujë me kripë deri sa të jenë al dente, kullojini dhe shpëlajini me ujë të nxehtë. Kullojeni.
2. Pritini pulën në shirita të vegjël të trashë sa gishti dhe spërkateni me lëng xhenxhefili. Në vaj të nxehtë skuqim qepën e grirë hollë dhe pulën.
3. Vërini dashin me salcë soje dhe mirin të ziejnë. I trazojmë me spageti të kulluara.
4. Shërbejini petët soba të spërkatura me mish pule, alga deti të grira imët, susam dhe ashkla bonito.

98. Gjoksi i rosës i skuqur

përbërësit

- 2 fileto gjoksi rosë
- 3 qepe (ndoshta më shumë)
- 1 rrënjë xhenxhefil, rreth 5 centimetra
- 1 portokall (i patrajtuar)
- 1 qepë e vogël
- 1 spec djegës i kuq, i butë
- 2 lugë gjelle vaj susami
- 2 lugë vaj vegjetal
- 1 majë kanellë
- 75 ml supë pule
- 1 lugë mjaltë

- 2 lugë gjelle sake (verë orizi japonez) (ndoshta më shumë)
- 2 lugë gjelle salcë soje
- Piper (i freskët i bluar)

përgatitjen

1. Shpëlajini dhe thani filetot e gjoksit të rosës dhe pritini diagonalisht në feta të trasha 1 cm.
2. Qërojmë qepujt dhe i presim në kubikë të imët. Qëroni dhe grijeni xhenxhefilin.
3. Shpëlajeni mirë portokallin, hiqni lëvozhgën ose hiqni lëkurën dhe shtrydhni lëngun. Prisni qepën e bardhë dhe jeshile të lehtë në rrathë shumë të ngushtë. Përgjysmoni dhe thërrmoni specin djegës dhe priteni në rripa të hollë.
4. Ngrohni tiganin ose nëse është e nevojshme wok-in, shtoni vajrat dhe nxehet shumë. Skuqini copat e rosës për tre deri në katër minuta duke i trazuar. Shtoni qepujt dhe xhenxhefilin dhe skuqini për dy minuta të tjera.
5. Hidhni lëngun e portokallit, kanellën, lëvozhgën e portokallit, sake, supën e pulës, mjaltin, salcën e sojës dhe specin djegës dhe

gatuajeni në temperaturë të lartë duke vazhduar trazimin. Spërkatini mirë me salcë soje dhe piper të sapobluar.

6. Vendosni orizin me kokërr të gjatë në një pjatë dhe sillni gjoksin e rosës të spërkatur me rrathë qepës së pranverës në tryezë.
7. Orizi basmati shkon mirë me të.

99. Sallatë me gjoks pule dhe shparg jeshil

përbërësit

- 2 gjoks pule
- 3 lugë salcë soje
- 3 lugë gjelle sake (verë orizi) ose sheri
- 250 ml supë pule
- 200 gr asparagus
- kripë
- 2 vezë
- 1 lugë gjelle vaj susami
- 3 lugë vaj kikiriku
- Gjethet e marules
- 1 lugë çaji miso i lehtë (pastë fasule)
- 0,5 lugë gjelle wasabi (pluhur pikante rrikë)

- 1 lugë çaji uthull orizi
- sheqer

përgatitjen

1. Fërkojeni mishin me një lugë salcë soje dhe sake dhe marinojini për gjysmë ore.
2. Hidheni në një tenxhere me supë të pastër të valë dhe ziejini butësisht për pesë deri në tetë minuta në temperaturë të ulët. Lëreni të ftohet në salcë.
3. Pritini asparagun e qëruar në një kënd në copa të gjata pesë centimetra. Gatuani në ujë me kripë për rreth pesë minuta derisa të bëhen krokante, gatuajini vetëm majat për dy minuta.
4. Përziejini vezët me një lugë salcë soje, sake dhe vaj susami. Në një tavë të lyer me vaj kikiriku, piqni omëletë pothuajse të tejdukshme në temperaturë të ulët. Vendosini këto në mënyrë alternative me gjethe marule dhe rrotullojeni, prerë diagonalisht në shirita të imët.
5. Përzieni dy lugë gjelle vaj kikiriku, një lugë gjelle salcë soje, një lugë gjelle pluhur wasabi, miso, sake dhe disa pika supë të

pastër në një vinegrette kremoze. Sezoni me uthull dhe sheqer.
6. Pritini pulën në feta të vogla, përzieni me shpargujt dhe shiritat e omëletës, shërbejeni me vinegrette dhe shërbejeni.

100. Yakitori

përbërësit

- 8 lugë gjelle salcë soje, japoneze
- 8 lugë gjelle mirin
- 2 feta xhenxhefil, të grira
- Hell kudhore
- 400 g mish pule

përgatitjen

1. 2 feta xhenxhefil, të grira, të shtypura
2. Pula shpëlahet, thahet dhe pritet në kubikë të vegjël (gjatësia e buzës rreth 2 cm). Një marinadë bëhet nga salca e sojës, mirin (një verë e ëmbël orizi) dhe lëngu i xhenxhefilit,

në të cilin mishi pushon për rreth gjysmë ore.

PËRFUNDIM

Recetat japoneze ofrojnë një larmi të mrekullueshme opsionesh vegjetariane dhe jo vegjetariane, dhe ju duhet patjetër ta provoni këtë kuzhinë të hollë të paktën një herë në jetën tuaj.